원서발췌
윤리학

고전 명작을 읽는 가장 쉬운 길,
'지식을만드는지식 원서발췌'

축약, 해설, 리라이팅이 아닙니다. 원전의 핵심 내용을 문장 그대로 가져옵니다. 작품의 오리지낼리티를 가감 없이 느낄 수 있습니다.
두껍고 읽기 어려워 책장을 덮어 버리곤 했던 고전을 발췌합니다. 해당 작품을 연구한 전문가가 작품의 정수를 가려 뽑아냅니다. 핵심만 읽기 때문에 더 빠르게 더 많은 고전을 읽을 수 있습니다. 제외된 부분은 중간중간 친절하게 요약 설명합니다. 풍부한 해설과 주석으로 전체 내용을 파악하는 데 무리가 없습니다. 정확한 번역, 적절한 윤문으로 10대에서 80대까지 누구나 쉽게 읽을 수 있습니다. 콤팩트한 사이즈와 분량이므로 간편하게 휴대할 수 있습니다. 수천 쪽의 고전을 발췌된 내용으로 읽고도 전체 의미를 파악할 수 있는 것이 지식을만드는지식 원서발췌의 매직입니다. 발췌율은 표지에 표시하고 발췌 방법은 일러두기에 상세히 밝힙니다.
고전 독자를 발췌 읽기에서 완역 읽기로, 더 나아가 원전 읽기로 안내합니다. 바쁜 현대인들에게 새로운 고전읽기 방법을 제시합니다.

원서발췌
윤리학

Ethik

니콜라이 하르트만(Nicolai Hartmann) 지음
이을상 옮김

대한민국, 서울, 지식을만드는지식, 2025

편집자 일러두기

- 이 책은 하르트만의 《Ethik》 4판(Berlin: Walter de Gruyter & Co., 1962)을 원전으로 삼아 발췌 번역한 것입니다.
- 이 책은 원전의 약 10%를 발췌했습니다.
- 독자의 이해를 돕기 위해 옮긴이가 추가한 구절이 있을 때는 [ ]를 사용했습니다.
- 이 책의 주석은 모두 옮긴이가 작성한 것입니다.
- 외래어 표기는 현행 한글어문규정의 외래어표기법을 따랐습니다.
- 이 책은 2014년 7월 15일 '천줄읽기' 시리즈로 처음 출간했다가 이번에 '원서발췌' 시리즈로 옮겨 출간합니다.

차례

윤리학

서론

근대 사상은 철학에 다음과 같은 세 가지 물음을 부과했다. 우리는 무엇을 알 수 있는가? 우리는 무엇을 해야만 하는가? 우리는 무엇을 바랄 수 있는가? 이 중에서 둘째 물음이 윤리학의 근본 문제다. 윤리학의 물음은 현실에 대해 단순히 인식하는 것 이상을 염원하지만, 인간이 궁극적으로 동경하고 희망하는 것을 염원하지는 않는다.

우리는 어느 순간에나 "무엇을 해야만 하는가?" 하는 물음에 부딪친다. 모든 새로운 상황이 우리에게 이 물음을 부과하고, 그때마다 우리는 이에 대답하지 않으면 안 된다. 우리의 행위와 태도가 이에 대한 대답이다. 왜냐하면 행위에는 이미 의지의 결단이 포함되어 있기 때문이다. 의지의 결단을 우리가 의식하지 못하더라도 나중에 이것을 자신의 행위에서 인식해 내고 뉘우칠 때도 있다. 스스로 내린 결단이기에 그것이 잘못되었을 때 책임을 져야 하는 것도 자기 자신뿐이다.

윤리학은 지금 여기 주어진 상황에서 무엇을 해야만 하는지에 대해 직접 가르쳐 주지 않고, 일반적으로 마땅히 해야 하는 것이 무엇인지에 관해서만 가르쳐 줄 뿐이다.

윤리학은 현실적인 것을 객관적으로 볼 수 있는 일반적인 기준을 제공해 준다. 개인의 임무도, 시대의 과제도 윤리학 앞에서는 똑같이 특수한 것이다. 윤리학은 이들에 대해 일정한 거리를 유지하면서 양자를 넘어선다. 이 점에서 윤리학은 다른 철학과 마찬가지로 기존의 판단을 가르쳐 주는 것이 아니라 '판단' 자체를 가르쳐 준다.

이러한 의미에서 윤리학은 "무엇을 해야만 하는가?" 하는 물음을 취하면서, 마땅히 해야만 하는 이 '무엇'을 규정하는 것이 아니라 그것을 알기 위한 기준을 제공해 준다. 이 점에 윤리학이 서로 갈등하는 모든 특수한 경향, 관심, 당파를 초월하는 내면적 이유가 있다. 실천철학으로서 윤리학은 인생의 갈등 속으로 끼어드는 것도 아니고, 이 갈등에 대한 훈계를 하는 것도 아니며, 하물며 명령과 금지를 규정한 법전도 아니다. 윤리학은 인간 속에 있는 창조적 원리로 눈을 돌려 모든 새로운 경우에 일어날 새로운 것의 통찰을 요구한다. 철학적 윤리학은 결의학(Kasuistik)이 아니다. 그렇다고 해서 윤리학이 실천적 학문으로서 임무를 포기하는 것도 아니다. 윤리학은 인간 속에서 실천적인 것을 수행해 갈 때, 즉 정신적으로 능동적인 것을 육성해 갈 때 비로소 실천적일 수 있다. 윤리학의 목표는 틀에 박힌 인간을 만드는 것이 아니라 책임 능력을 높여 주는 것이다.

무엇을 해야만 하는가에 대답하는 것은 무엇을 알 수 있는가에 대답하는 것보다 더 어렵다. 앎에는 그 대상이 확정되어 있다. 대상에 대한 생각은 대상에 대한 경험으로 환원된다. 경험에 앞서 주어지는 것은 오류다. 하지만 우리가 마땅히 해야만 하는 것은 아직 행해지지 않은 것이다. 그것은 아직 현실적으로 되지 않았다. 그것은 행위에 의해 비로소 존재한다.

문제는 이 마땅히 해야만 하는 것이 '무엇'이고, 더욱이 윤리가 행해지기 위해서 먼저 해야 할 것이 무엇인지 알아야 한다는 점이다. 그리하여 윤리학은 처음부터 도덕의 원리를 어떻게 획득하고, 그것을 어떻게 알 수 있는가 하는 근본적인 아포리아(Aporia)에 부딪친다. 이러한 사정으로 인해 윤리학에서는 '실천적'이라는 말이 특별한 의미를 지닌다. 다른 분야의 실천적 지식(기술, 위생법, 법률, 교육학 등)에는 그 목표가 무엇인지 언제나 알려져 있고 전제되어 있다. 그래서 다만 그 수단 방법이 구해질 뿐이다. 그런데 윤리학에서는 목적 자체, 더욱이 어떤 다른 것을 위한 수단으로 이해될 수 없는 최고의 절대적인 목적이 구해져야 한다.

그러나 위에서 말한 모든 문제는 윤리적 근본 물음의

절반에 불과하다. 이 물음은 우리의 행위와 행위가 영향을 미치게 될 좁은 범위에 한정되어 있고, 이 범위는 세계 전체에서 보면 거의 눈에 띄지 않을 정도로 작은 부분에 불과하다. 윤리적 근본 물음의 다른 절반은 인간의 내적 태도(좋아하는 것과 싫어하는 것, 사랑과 미움, 존경과 경멸)에 관한 것이다. 이것은 전자만큼 절실하지는 않으나 인간 및 인간 생활의 전체에 관계한다. 이 내적 태도는 나와 밀접한 관계가 있을 때 최고의 강도를 보여 주지만, 나와 거리가 멀어질수록 점점 약화되고, 먼 거리에서는 겨우 가볍게 공명하거나 대개는 눈에 띄지 않는 정조(情操)의 성격을 띤다. 이러한 내적 태도는 인식하는 의식에 놀라움과 관심을 수반한다. 따라서 대상에 대한 순전히 이론적인 의식은 한갓 추상에 불과할 뿐이다.

우리의 의지와 행위를 이끌어 줄 가치가 삶의 도처에서 실현되고 있다는 사실을 일단 이해하고 나면, 우리는 직접 제2의 윤리적 근본 물음 앞에 서게 된다. 인생, 아니 세계에서 가치 있는 것은 무엇인가? 이 문제는 행위 당위(마땅히 행해야 함, Tunsollen)에 못지않게 중요하고 엄숙하다. 아니 내용적으로 훨씬 풍부하고 포괄적이다. 어떤 의미에서는 행위 당위까지도 가치에 포함된다. 왜냐하면 우리는 무엇이 가치 있는지 모르고서는 무엇을 마땅히 해야만 하는지 알 수 없기 때문이다.

무릇 가치란 이를 인식할 감각기관을 필요로 한다. 가치는 도처에 있지만, 우리는 가치를 보지 못한다. 한 사람에게는 한 명의 인간, 하나의 성질, 이 모두가 가치다. 사람과 사람의 관계, 좁고 넓은 생활 연관이 가져오는 상황, 이것도 모두 제각기 특수한 가치를 지닌다.

인생이란 가까이서 바라보면 오가는 상황의 연속이다. 인생은 우연한 순간적 관계에서 시작해서 사람과 사람을 맺어 주는 가장 깊고 중요한 영속적 유대에 이르는 상황 속에 있다. 공동생활도, 개인생활도 이러한 상황 속에서 일어난다. 갈등과 결렬도 여기서 일어난다. 상황이란 희망과 실망, 환희와 비애, 감격과 소침의 내용이다.

인생에는 보지 못하고 스쳐 가는 일(Vorbeigehen)이 많다. 인생은 복잡하게 얽혀 있고, 우리는 숱한 사람들과 만난다. 지금까지 우리가 참으로 본 사람은 몇 명이나 될까? 윤리적 의미에서 참으로 본다는 것은 사랑의 눈으로 본다는 말이다. 사랑의 눈은 가치를 느끼는 눈이다. 반대로 진정으로 우리를 봐 주는 사람은 몇이나 될까? 우리는 서로 겉으로 스쳐 지나갈 뿐이고, 외롭게 헤어지고 만다. 우리는 수십 년을 함께 살면서 겉으로는 굳게 결합해 있지만, 피차 마음은 닫고 산다. 물론 우리는 아무에게나 자기 자신을 밀어 넣을 수 없다. 깊은 관여는 도리어 특이한 배타성을 지닌다. 그러면서도 실제로는 서로 자신을 남에게 보이고 싶어 한다. 피차 보이고 싶어 하면서 서로 쳐다보지도 않고 지나가 버린다. 이것이 인간의 운명이다.

오늘날 철학적 윤리학의 목표는 사람들이 '도덕 기관'을 의식적으로 갖도록 하는 데 있다. 닫힌 세계를 사람들로 하여금 다시 열게 하려는 것이다. 새로운 윤리학이 어떤 것이어야만 할지는 알 수 없지만, 전체적 태도로 봐서 그것은 그 자체로 새로운 덕성이다. 위대한 것에 대한 새로운 헌신, 새로운 외경이다. 왜냐하면 윤리학이 열어 보이고자 하는 세계는 가치가 충만하고, 무궁무진하며, 위대한 세계이기 때문이다.

제1부
윤리적 현상의 구조 : 도덕 현상학

제1장 관조적 윤리학과 규범적 윤리학

윤리적 상대설과 윤리적 절대설

서론에서 다음과 같은 두 가지 물음이 제시되었다. 1) 우리는 무엇을 해야만 하는가? 2) 인생에서 가치 있는 것은 무엇인가? 이 두 물음은 서로 무관한 것이 아니라 동일 문제의 양 측면이다. 무엇을 해야만 하는지를 결정지으려면 무엇이 가치 있는 것인지를 먼저 알아야만 한다. 그러나 편의상 첫째 문제부터 밝혀 보기로 하자.

윤리학의 첫째 임무는 우리가 무엇을 해야만 하는지(당위)를 가려낼 표준, 즉 원칙을 정하는 일이다. 이 원칙은 명령의 성격을 띠고 있음이 분명한데, 이 명령은 절대적인가, 상대적인가? 예를 들어 '네 이웃을 사랑하라'라는 그리스도교의 도덕명령은 영원히 타당한 절대명령인가? 그리스도교를 모르고 있던 시대도 있었다는 사실은 이에 대한 반박이 되지 않을까? 그러나 이러한 사실은 다만 인류의 도덕적 미숙을 드러내는 것에 불과할지 모른다. 또한 도덕명령이 절대적인 것이 아니라면, 그것이 나타나는 역사적 순간부터 생겨난 도덕명령은 상대적인 것에 불과할 것이다. 그리하여 도덕 명령과 관련해서 절대적 선천설과 상대적 발생설이 대립하는 것은 피할 수 없다. 전자는 그 절대성이 자율적 원리로서 증명되어야 하고, 후자는 상대적인 것이 절대적인 것처럼 보이는 가상이 어떻게 생겨났는지를 설명해야만 한다.

덕의 학습 가능성

사람은 누구나 악을 위해 일부러 악을 행하지 않는다. 무엇이 선인지 모르기 때문에 악을 행하는 것이다. 진정으로 선이 무엇인지 알기만 한다면, 그는 반드시 선을 행할 것이다. 그러므로 덕은 곧 지(知)다. 따라서 덕은 가르칠 수 있고, 배울 수 있다. 이것이 소크라테스의 명제다. 다른 한편으로 그리스도교에 따르면 사람은 하느님의 명령을 알고 있다. 그런데도 명령을 배반한다. 여기서 지는 무력하다. 죄는 단순한 과오가 아니라 인생에서 하나의 규정적인 유혹하는 힘이다. 사람이 이 힘을 이겨 내지 못하는 것은 무지해서가 아니라 육체가 연약하기 때문이다.

이러한 그리스도교 사상은 소크라테스의 명제에 대한 반명제다. 덕에 대한 앎은 가르칠 수 있으나 덕을 행하는 것은 가르칠 수 있는 성질의 것이 아니다. 앎은 무력하다. 윤리학은 우리가 무엇을 해야만 할지 설교할 수 있으나 가르친 바를 행하도록 할 힘은 지니고 있지 않다. 이렇게 되면 윤리학은 '실천적'이 아니다. 오직 종교만이 실천적이다.

이에 대해 근대의 쇼펜하우어는 다음과 같이 말한다. 즉, 윤리학은 규범적인 것이 아니다. 윤리학은 인생을 규정하지도 않고, 어떻게 규정해야 하는지 가르쳐 주지도 않는다. 윤리학은 선이나 악에 영향을 미치지 않는다. 쇼펜하우어는 논리학과 마찬가지로 윤리학도 순수한 이론에 불과하다고 보고, 윤리학에 대해 실천적 성격을 전혀 인정하지 않았다. 이러한 쇼펜하우어의 생각은 고대 소크라테스의 견해와는 상반된 결론이다.

플라톤의 《메논》과 아포리아의 해결

이 아포리아를 플라톤은 《메논》에서 해결한다. 그것은 다음과 같은 양자택일에서 나온다. 즉 덕은 '가르칠 수 있는 것', 따라서 학습되는 것이거나 '본질적인 것'이다. 전자라면, 덕은 외부로부터 받아들인 것, 사람이 고찰한 것, 제정한 것일 뿐이고, 절대적인 것이 아니다. 후자라면, 덕은 부동의 표준을 말한다. 그것은 가르칠 수 있는 것이 아니라 사람마다 자기의 마음속에서 길러야만 하는 것이다.

플라톤에 따르면 이 양자택일은 잘못이다. 기하학의 지식은 이성 속에 본래 구비된 것이지만 가르칠 수도 있고 배울 수도 있다. 가르친다는 것은 마음속에 있는 것을 의식하도록 끌어냄, 즉 일종의 '산파술'이다. 기하학은 본래 구비된 것만을 가르칠 수 있다. 마음속에 본래 구비된 것을 의식에 떠올리는 것을 플라톤은 '상기'라 하는데, 이것은 오늘날 용어로 말하면 선천적(a priori) 인식이다.

선한 사람은 무엇이 선인지 분명히 알고 있다. 이 앎은 어디서 왔는가? 타인의 권위에 의존할 수는 없다. 또한 태어나면서부터 선에 대한 명료한 의식을 가지고 있는 것도 아니다. 따라서 이 앎은 본래 마음속에 구비된 것을 의식의 표면으로 떠올린 것일 수밖에 없다. 이러한 의미에서 덕은 가르칠 수 있는 것이다.

규범적 윤리학의 올바른 의미

윤리적 인식은 규범, 명령, 가치의 인식이다. 무릇 규범의 인식은 반드시 선천적 인식이어야만 한다. 역사적으로 볼 때 플라톤 철학은 인간의 인식 일반에 선천적 요소가 들어 있음을 발견했다. 그래서 플라톤 철학은 모든 규범 인식을 변호하고, 따라서 윤리학 자체의 규범적 성격을 정당화한다.

윤리학은 무엇이 선인지 가르쳐 줄 수 있다. 그러나 그것을 행하도록 강제하지는 못한다. 다만 사람들의 마음속에 이미 들어 있는 것을 끌어낼 수 있을 뿐이다. 이러한 의미에서 철학적 윤리학은 기하학과 마찬가지로 도덕적 의식의 산파술이다.

윤리학은 인생에 영향을 미치는 규범적 원리를 밝혀낸다는 점에서 간접적으로 규범적이라 할 수 있다. 이 원리는 선천적으로 통찰된 것이다.

제2장 도덕은 다수이고, 윤리학은 하나임

도덕의식에서 다양성과 통일성

역사적으로 보면 용기의 도덕, 복종의 도덕, 불손의 도덕 및 겸손, 힘, 아름다움, 강직, 충실, 동정 등의 덕을 중심으로 한 도덕이 있었다. 그러나 이러한 모든 실증도덕(positiven Moral)과 윤리학 자체(Ethik als solche)는 다르다. 윤리학은 모든 특수한 도덕에 전제된 선에 대한 보편적이고 이념적인 요구이다. 따라서 윤리학의 임무는 '선'이 무엇인지 나타내는 것이고, 모든 실증도덕에는 결여된 선의 표준을 찾아내는 일이다.

여기서 기존 도덕과 윤리학 사이에는 ― 비록 간격이 있다고는 하나 ― 본래 내적인 연결, 즉 이념적 의존 관계가 있다는 점이 밝혀진다. 절대적 도덕이 되려는 경향을 갖지 않은 기존 도덕은 없다. 기존 도덕은 자신이 절대적 도덕이라는 신념을 가지고 있는 한에서만 '유효'하다. 따라서 윤리학의 통일성은 기존 도덕 밖에 있거나 대립물 속에서 발견되는 것이 아니라 기존 도덕 자체 속에서 발견된다. 하지만 그것은 기존 도덕에서 발견되는 많은 구성 요소들 가운데 하나가 아니다.

이러한 상황에서 문제 되는 것은 기존 도덕의 다양성 속에서 순수 윤리학의 통일을 이루는 선천적 직관을 밝히는 일이다. 즉 이들 도덕의 서로 다른 요구를 어떻게 통일할 것인가? 도덕들의 요구는 각기 스스로 인생의 최고 목적을 자부하며 타자를 배척하는데, 이러한 도덕의 다양성 위에 통일된 전체 목적을 어떻게 세울 것인가? 이것이 문제다.

선악에 대한 앎

문제의 해결책은 가치론에서 얻어진다. 행위의 목적이나 도덕적 요구는 그 근거를 가치에 둔다. 그리하여 인생에서 가치 있는 것이 무엇인지가 문제가 된다. 그런데 목적이나 요구가 다양한 것처럼 가치의 내용도 다양하다. 가치에 관해서도 그 체계의 발견이 필요하다.[1)]

종래에는 우리가 선악이 무엇인지 이미 잘 알고 있기 때문에 그 본질만 밝혀내면 된다고 생각했다. 그리하여 종래의 사상가들은 도덕의식의 형이상학을 세우는 데 전념해 왔고, 선 그 자체를 인식하는 데는 힘쓰지 않았다. 그러나 유감스럽게도 사람들은 아직 선악이 무엇인지 알지

1) 이것은 이 책 제2부 '윤리적 가치의 영역'에서 다룰 핵심이다.

못하고, 그저 단편적으로만 알고 있을 뿐이다. 선악이 무엇인지 모르고서는 그것을 변명하려는 노력은 공염불이 되고 말 것이다. 도덕철학을 세우는 데는 가치의 현상학이 선행되어야만 한다. 가치의 세계가 '선악의 신비'를 감싸고 있다. 즉, 가치의 세계가 전체로서 선악의 내용을 이룬다.

니체의 발견과 발견자의 오류

이와 같이 도덕에 관해 우리가 무지하다는 사실을 파헤친 사람은 니체다. 그는 종래에 선악이라고 생각해 왔던 것의 피안에서 새삼 선악의 내용에 관한 문제를 제기했다. 그러나 그는 거기에 이르는 인식의 영역이 무한히 열려 있다는 생각에는 미치지 못했고, 너무 조급하게 새로운 비도덕주의, 초인도덕, 권력도덕 등을 천착했다.

니체의 오류는 '모든 가치의 전도(Umwertung aller Werte)'라는 그의 가르침에 있다. 가치의 전도는 곧 가치 상대설을 말한다. 가치가 전도될 수 있다면, 그것은 또한 창조되고 파괴될 수 있는 것이 아닐 수 없다. 그러면 가치는 제멋대로 고안된 것에 불과하게 될 것이다. 이로써 니체가 발견한 것[종래에 선악이라 생각해 왔던 것의 피안에 있는 선악의 내용에 관한 문제]에 대한 의의는 상쇄되고 만다. 벌써 발견되었어야만 할 것[가치의 법칙]은 사라져 버리고, 자유로운 사변만이 판치고 있다.

가치감정 속에는 움직일 수 없는 특수한 가치본질이 들어 있다. 그것은 단순히 제멋대로 고안된 것에서는 찾아볼 수 없는 특징이다. 우리의 가치감정은 이러한 가치의 본질과 밀접한 관련이 있다. 이 관련을 통해 가치를 발견하는 일이 중요한 과제로 떠오른다.

가치를 발견하는 길

가치는 어떻게 발견되는가? 생동하는 가치감정 속에 어렴풋이 느껴지는 가치가 어떻게 해서 명확한 개념으로 파악될 수 있는가? 이것이 문제다.

가치는 원리다. 원리는 자립적인 것이어서 그 아래에 다른 것들이 종속되지, 다른 것들로부터 연역되는 그런 것일 수는 없다. 가치는 현실의 법칙이 아니다. 따라서 가치는 현실을 강제하는 필연성을 띠지 않는다. 그런 만큼 경험적 사실에서 윤리적 원리는 나오지 않는다.

그런데 가치는 실현될 수도 있고, 안 될 수도 있다. 실현되지 않는다고 가치가 없는 것은 아니다. 도리어 가치는 현실 속에서 실현되지 않았을 때 더욱 절실한 것이 된다. 가치는 현실에 대해 하나의 요구이자 당위를 의미할 뿐이고, 현실을 강요하지 않는다. 또한 현실 속에 포함되느냐 마느냐에 따라 가치가 인식되는 것도 아니다.

우리는 인간의 행위에서 윤리적 가치를 발견해 낼 수 없다. 도리어 행위 속에 가치가 들어 있는지 없는지 가려내기 위해서는 미리 가치를 알고 있어야만 한다. 여기서 우리에게 사실에 대한 가치의식이 주어진다. 이것은 가치(또는 비가치)에 대한 막연한 앎을 말한다. 인간의 행동이나 정서도 하나의 현실적 사실이지만, 거기에 수반되는 막연한 가치감정도 역시 현실적 사실이다. 이로 인해 우리는 어떤 행위를 거부하거나 승인한다.

제3장 철학적 윤리학의 미로

이기주의와 이타주의

윤리학처럼 경험심리학적 편견이 만연한 곳도 아마 없을 것이다. 이들 편견을 비판하는 것에서 우리는 윤리학의 대상과 방법을 밝힐 수 있다. 여기서는 가장 대표적인 것으로 이기주의와 행복주의를 살펴본다.

이기주의에 따르면 인간의 의지를 결정하는 근본 동기는 '자기보존' 또는 '자기관철'이다. 따라서 자기의 '나'에 대한 관심만이 최고의 유일한 관심일 때, 이기적 윤리학이 성립한다. 자기의 참다운 이익이 무엇인지 아는 것에 이기주의의 현명한 격률이 있다. 정의니, 박애니 하는 것도 따지고 보면 모두 이기주의에 불과한 것들이다.

이기설의 장점은 간단명료하다. 모든 도덕 현상이 자기보존이라는 하나의 원리로 설명된다는 점이 그것이다. 여기서는 자유의지의 문제도 간단히 부정된다. 이기적인 것은 당위의 법칙이 아니라 인간의 자연적 성정이다. 인간은 동물과 마찬가지로 이 자연의 성정에 따르기만 하면 된다.

여기서 우리는 타인이 어떻게 해서 우리의 자기의식에

주어지는가 하는 가장 어려운 형이상학적 문제와 마주한다. 우리가 지각하는 것은 타인의 육체뿐이다. 그러나 우리가 사랑하거나 미워하는 것은 그의 육체가 아니라 그의 내면, 즉 '인격'이라고 생각된다. 우리 인간은 서로 그 내면의 인격을 '보고 듣는' 것이 아니지만, 그런데도 우리는 서로를 잘 안다. 경우에 따라서는 자기의 인격보다도 타인의 인격을 더 잘 안다. 어떻게 이러한 앎이 생겨나는가?

어떤 사람은 우리가 직접 알고 있는 것이 자기뿐이고, 타인에 관해 아는 것은 '자기투입', '감정이입'[립스(Theodor Lipps)]일 뿐이라고 말한다. 감정이입이란 타인의 동작, 표정, 말을 통해 자기 자신 속에서 유추하는 것을 말한다. 이 이론에서는 타인이 가지고 있는 자기와 다른 성질의 것을 어떻게 이해하는지가 설명되지 않는다. 그래서 일종의 도덕적 직관을 가정하는 설이 나오게 되었는데, 이 이론에 따르면 우리는 타인이 가지는 사랑과 미움을 직접 느낀다는 것이다.

행복주의와 공리주의

행복주의와 이기주의를 혼동해서는 안 된다. 행복주의는 이기주의가 아니다. 행복주의는 자기의 행복뿐만 아니라 타인의 행복도 고려할 수 있다. 그러나 이기주의는 자기를 주장하는 것만을 유일한 목표로 삼는다. 또한 이기주의는 감정 가치를 등한시하나, 행복주의는 감정 가치를 소중히 여긴다.

가장 극단적인 행복주의자는 아리스티포스(Aristippos)다. 그에 따르면 쾌락이 유일한 선이고, 최고의 쾌락이 곧 인생의 목적이다. 최고의 쾌락이란 가장 강력한 쾌락을 말한다. 하지만 쾌락은 절대적일 수 없다. 쾌락은 언제나 불쾌와 대비되어 느껴진다. 또한 쾌락이 직접 구해지는 것도 아니다. 구해지는 것은 쾌락을 일으키는 수단뿐이다. 더욱이 같은 수단이라 하여 언제나 같은 쾌락을 주는 것도 아니다. 쾌락은 언제나 불쾌에 의해 변상되는 것임을 잊어서는 안 된다. 따라서 쾌락이 유일한 선이라는 명제는 심리학적으로도, 윤리학적으로도 정당화되지 못한다.

에피쿠로스가 이 잘못을 시정했다. 그에 따르면 최고의 쾌락은 가장 강한 쾌락이 아니라 조용한 생활 전체를 통해 누리는 영속적인 행복이다. 곧 마음의 안정이 최고의 가치다. 이렇게 해서 행복은 이미 주관적인 감정 가치가 아닌 것으로 판명되었다. 행복은 오히려 본래적인 쾌락과 별도로 구해진다. 즉, 내면적 확신, 자유, 고결, 풍요한 인생의 가치에 대한 의식적인 참여 등 여러 가지 높은 가치가 행복 속으로 도입된다. 이리하여 행복주의라는 이름만 남게 되었다.

스토아학파도 에피쿠로스와 마찬가지로 덕과 행복을 동일시했다. 아니 에피쿠로스에 비해 덕을 더욱더 중요시했다. 인간의 행위는 그 자체로 가치 있는 것이 되고, 감각은 열등한 부가물로 격하되었다. 스토아학파의 덕은 하나의 특수한 가치 요소를 필요로 하는데, 그것은 '부동심'이다. 여기서는 에피쿠로스가 풍요롭게 하고자 했던 가치감정이 위축되고 만다.

행복설은 그리스도교의 금욕, 은둔, 순교 등에서 가장 명료하게 나타난다. 천국에서 심판 받는다는 것은 그리스도에 대한 가장 소중한 요구이지, 단순한 비유가 아니다. 바울의 '신앙에 의한 구원'이라는 생각도 내세의 영광이므로 마찬가지로 행복설을 벗어나지 못한다. 그리스도교의 행복설 배후에는 비할 데 없이 지고한 가치가 숨어 있다. 이웃 사랑(Nächstenliebe)이 도덕적으로 값진 것임은 말할 필요도 없다. 또한 '지복(至福, Seligkeit)'이라는 가치 개념 속에는 단순한 행복과 다른 어떤 것, 즉 속죄, 무구, 순결, 신과의 닮음, 신과의 합일 등의 관념이 들어 있다.

근대의 사회적 행복주의는 자기의 행복이 아니라 만인의 행복을 이상으로 삼는다. 최대 다수의 최대 행복이 그것이다. 공공성, 정의, 모든 시민적 덕은 최대 다수의 행복을 가져온다는 점에서 가치 있는 것들이다. 국가는 이러한 행복을 실현하는 수단에 불과하다. 여기서는 모든 것에 대해 그것이 최대 다수의 행복에 유용한지 어떤지가 문제 된다. 이 점을 문제 삼는 것은 공리주의다.

그러나 공리주의는 선과 유용함을 혼동하고 있다. 선은 그 자체 좋은 것, 즉 자기가치인데, 유용함은 어떤 것을 위해 좋은 것, 즉 수단 가치다. 수단 가치는 자기가치에 대한 상관물이다. 이러한 의미에서 유용함은 일차적 가치가 아니다. 그렇다고 무가치한 것도 아니다.

제4장 칸트의 윤리학

실천이성의 주관주의

행위의 도덕적 성질을 행위 결과에서 구하지 않고 내적 경향성에서 구한 것은 칸트의 중요한 통찰이다.

의지만이 선하거나 악하다. 윤리학에서 가장 중요한 것은 '의도', 즉 '목적'이다. 여기서 윤리학은 목적윤리학이 된다. 목적의 체계, 결국 최종 목적의 통일이 중요한 윤리의 문제로 떠오른다. 그렇다면 의지와 가치의 관계는 어떤가? 가치란 본래 당위의 성격을 띠고, 의지는 그 명령을 받는다. 즉, 의지는 밖에서 오는 법칙을 받아들인다. 그런데 칸트에 따르면 도덕은 의지가 자신의 법칙을 따르는 데서 성립한다. 여기서는 당위와 의지의 관계가 반대로 된다. 의지가 당위를 규정해 준다. 주관으로서 의지가 입법자가 되는 것이다. 당위는 가치가 아닌 다른 것에서 설명된다. 행복주의는 가치를 자연적 경향성에서 설명하는데, 칸트는 '이성적 경향성'에서 설명한다. 이 점에서 행복주의와 칸트는 설명만 다를 뿐이고, 객관적인 것을 주관적인 것에서 이끌어 낸다는 점에서는 둘 다 같다.

주관주의는 칸트 철학의 일반적 특징이다. 칸트에게는

모든 원리가 주관에 속하는 것으로 선천적 성격을 지닌다. 칸트가 이론이성에 관해 취했던 입장이 실천이성에 관해서도 유지될 것이라고 생각한 것은 말할 필요도 없다. 그리하여 주관이 법칙을 준다는 것이 칸트의 입장에서는 너무나 당연하다. 입법이 객관 세계에서 나온다면, 그것은 오성의 범주처럼 자연법칙이 되고 말 것이다. 도덕법칙과 자연법칙이 다른 점은 바로 실천이성, 즉 순수의지가 당위, 즉 가치를 규정한다는 점에 있다. 다시 말해 의지가 가치를 창조한다.

칸트에게 중요한 것은 의지의 자유를 확립하는 일이다.[2] 의지는 그 규정 근거를 자기 자신 속에 갖고 있어야만 자유로울 수 있다. 이러한 칸트의 생각은 다음 두 가지를 간과한 것이다.

첫째로, 원리에 따르거나 따르지 않을 자유를 지닌 의지는 스스로 이 원리의 창시자일 수 있는가 하는 물음이다. 의지가 스스로 명령을 내리고 나서 이를 스스로 거역할 수 있는가? 의지가 자유롭기 위해서는 거역할 수 있어야 한다. 그렇지 않고 의지가 원리를 따른다는 것은 마치 자연이 자연법칙에 따르는 것과 같다. 하지만 원리가 자

---

2) 이에 관해서는 제3부 '의지 자유의 문제'에서 자세히 다룰 것이다.

기 자신의 의지 속에 들어 있다면, 이를 어떻게 거역할 수 있겠는가?

우리가 반도덕적인 충동을 인정한다면, 의지에는 원리를 주는 순수의지가 있고, 다른 동기에도 따르는 경험의지가 있다. 이 둘 중에서 어느 쪽이 자유일까? 당연히 원리 외에 다른 동기에도 따를 수 있는 경험의지가 자유라고 봐야 할 것이다. 그러나 칸트에게는 경험의지가 도리어 부자유다. 왜냐하면 경험의지는 자율적인 의지의 법칙에만 따르는 것이 아니기 때문이다. 칸트에게 순수의지가 자유롭다는 것은 그 본성 속에 있는 원리 외의 다른 것에는 따르지 않기 때문이다. 이러한 의지는 '자율'이기는 하나 '자유'라고 할 수는 없다. 자기의 본성에 포함된 자율의 원리에 따른다는 것은 자연이 자연법칙에 따르는 것과 다를 바 없다. 의지가 자유일 수 있기 위해서는 원리가 주관 외의 다른 것에서 나오지 않으면 안 된다. 그러므로 선험적 주관주의는 자유의지에 대해 불합리할 뿐만 아니라 자유의지에 반하는 것이기도 하다.

둘째는 칸트의 결론에 관한 것이 아니라 전제에 관한 물음이다. 당위의 선험적 주관성에 의해 의지 자유의 근거가 밝혀질 것이라고 가정하더라도, 이러한 당위의 주관성을 전제해야 할 권리는 어디서 오는가? 그것은 증명되어야 할 의지 자유에서 올 수 없다.

그렇다면 도덕법칙이 주관적 기원을 지닌 것이라고 봐야 할 이유는 어디에 있는가? 이에 대한 칸트의 생각은 단호하다. 원리는 밖에서 오거나 이성에서 오거나 둘 중 하나다. 원리가 밖에서 왔다면, 그 명령은 경험적이고 가언적이다. 그것은 자연적 경향에 대항할 수 있는 본래의 명령이 되지 못한다. 그렇지 않고 원리가 이성에서 온 것이라면, 그것은 보편적이고 선천적인 절대적 명령이요, 모든 자연법칙에 대해 독립적인 자율적 명령이 된다. 칸트에 따르면 이 원리는 이성에서만 나올 수 있다. 왜냐하면 원리는 경험적, 의존적, 가언적일 수 없고, 참다운 지상명령의 성격을 띠어야만 하기 때문이다.

칸트의 선험주의는 양자택일을 강요한다. 과연 가치의 원천이 자연적 경향과 의지적 주관 외에 다른 곳에는 없는가? 그리고 그 유래는 선천적이거나 후천적일 수밖에 없고, 다른 것일 수는 없는가? 이 도식에서는 어느 한쪽이 긍정이면, 반드시 다른 쪽의 부정을 불러온다. 하지만 가치가 자연에서 유래하지 않는다고 해서 반드시 이성에서 나와야만 하는 것은 아니다. 이 말은 '선천적이라는 것'과 '이성에서 나온다'는 말이 반드시 같을 필요가 없다는 뜻이다. 그런데도 칸트의 주관주의는 도처에서 선천주의와 결부되어 있다. 즉 칸트에게 선천적인 것은 단지 주관의 작용으로만 생각되기 때문이다.

선천적인 것은 과연 주관의 작용에만 있는 것일까? 주관이 선천적 내용을 대상의 측면에서 직관할 수는 없을까? 예를 들어 기하학적 내용은 사물에서 추상해 낼 수 없지만, 객관적으로 직관될 수가 있다. 인과관계도 마찬가지다. 이 모두는 대상의 측면에서 성립하는 관계이지, 의지 작용의 관계가 아니다. 도덕에서 지상명령도 마찬가지 아닐까? 지상명령은 물론 경험에서 나오는 것이 아니다. 그렇다고 반드시 이성의 입법이어야만 하는가? 이 지상명령이 오히려 이념적 대상 관계로 직관되는 것은 아닐까?

윤리학이 원리의 보편성, 선천성, 절대성을 확보하기 위해 반드시 그 주관적 기원을 찾아야만 하는 것도 아니다. 다만 감각계 외의 기원이면 된다. 윤리적 원리는 감각계에 대해 자율적이어야만 한다. 따라서 감각계에서 이 원리를 취해 올 수는 없다. 하지만 그 외의 영역이라면 어디서 취해 와도 상관없다. 문제는 다만 가치가 속하는 자립적 이념 영역이 경험과 독립해서 있을 수 있느냐에 달려 있다.

형식주의에 대한 셸러의 비판

칸트의 윤리학에는 선험적 주관주의 명제 외에 형식주의 명제도 있다.

형식주의의 공적은 첫째로 윤리학에서 경험주의의 철저한 배제이고, 둘째로 결의학(決疑學) 및 언제나 경험적 사정에서 나오는 특수 목적의 설정에 대한 거부다. 여기서 받아들일 만한 적극적인 것은 엄밀한 보편성에 대한 요구, 외적 규정의 배제, 그리고 선이란 의지 자체의 가치성질이지 그 목적의 가치성질이 아니라는 통찰 등이다.

형식을 두둔하는 철학적 전통은 아리스토텔레스에게까지 소급된다. 질료는 무규정적이며 무가치하고, 형상은 규정하는 자이고 가치다. 균형, 미, 생명 등은 모두 형식에서 나온다. 그리하여 아리스토텔레스는 형식과 목적을 동일시했고, 플로티노스는 최고의 형식 원리와 플라톤 선의 이데아를 동일시했다. 원리는 선천적 형식에 있기 때문에 칸트에게서 선천성과 형식성은 엄밀하게 하나로 결합해 있다.

범주, 법칙, 명법 등은 그것들이 통용되는 구체적 사례에 비해 보편적이다. 이러한 의미에서 '형식'이라는 말은 옳다. 그러나 이 형식성은 내용성이라는 의미에서 실질과 대립된 것이 아니다. 모든 원리는 그 자체 실질을 지녀야만 한다. 그렇지 않으면 원리는 내용 없는 공허한 것이 되고 만다. 모든 원리는 선천적으로 인식되기 때문에 선천적 실질도 있음이 분명하다.

이 점에서 형식주의에 대한 셸러의 비판이 시작된다.

'형식적-실질적', '선천적-후천적'이라는 두 대립의 짝은 서로 아무 상관이 없다. 선천적이라 해서 모두 형식적인 것도 아니고, 실질적이라 해서 모두 후천적인 것도 아니다. 물론 선천적인 것은 언제나 보편타당하지만, 후천적인 것은 그렇지 않다. 그러나 보편성 자체가 곧 형식적인 것은 아니다. 예를 들어 기하학에서처럼 선천적인 체계의 내부에도 그 타당 범위가 넓은 법칙과 좁은 법칙이 있다. 따라서 더 보편적인 것은 언제나 더 특수적인 것에 대해 형식적이고, 더 특수적인 것은 더 보편적인 것에 대해 실질적이다. 이 말은 언제나 더 특수적인 것이 더 풍부한 내용을 갖는다는 의미다. 그러나 기하학에서 명제는 내용의 풍부한 정도와 보편성의 범위에 관계없이 모두 '선천적'이다.

선천성의 문제와 관련해서 윤리학에서 형식주의를 조장하는 것은 주관주의다. 주관주의가 제거되면, 형식주의도 더 이상 지탱될 수 없다.

주지주의에 대한 셸러의 비판

감성과 오성, 직관과 사고, 감성계와 지성계의 대립은 인식론뿐만 아니라 칸트 철학의 전반에 걸쳐 나타난다. 그러면서 칸트에게서 '감성-오성'의 대립은 곧 '후천적-선천적'의 대립과 동일시된다. 감성과 직관은 후천적이고, 오성과 사고는 선천적이다. 그러나 후천적-선천적의 대립이 감성-오성의 대립과 일치하지 않는다는 사실의 증명이 윤리학에는 매우 중요하다. 왜냐하면 여기서 선천적 · 실질적 가치통찰이 도덕의식에서 어떤 형태로 나타나는지가 밝혀질 것이기 때문이다.[3)]

첫째로 후천적으로 주어진다는 개념과 감각기관에 의한 감각은 구분되어야 한다. 독자적인 색깔이나 소리와 같이 개별 감각의 내용은 [우리 의식에] 직접 주어지지 않는다. 감각 내용을 의식하려면, 특수한 심리학적 방법을 통해 지각된 대상에서 분리해 내야만 한다. 주어지는 것은 감각이 아니라 지각이다. 지각에는 많은 선천적 요소들—적어도 칸트의 이른바 범주의 모든 계열들—이 들어 있고, 여기서 감성과 후천성의 동일시는 더 이상 존립할 수 없다.

---

3) 이 점을 납득할 수 있도록 규명해 주는 것이 '현상학'이다.

둘째로 사고와 선천성이 일치하지 않는다는 것은 이미 감성 속에 선천적 직관 형식이 포함되어 있다는 칸트의 감성론에서 증명되었다. 그런데도 칸트의 주지주의는 범주를 순수 '오성의 개념'으로, 원칙은 규정적 '판단력'의 원리로 본다. 종합은 판단의 문제이고, [칸트] 이성 비판의 핵심은 선천적 종합 판단 여부에 초점을 맞춘다. 경험에서 모든 선천적인 것이 일종의 판단 작용 내지 특수한 지성의 작용에 기초한다는 것은 자명한 사실로 여겨진다. 이 입장은 사물을 파악할 때 언제 어디서나 이미 사고가 작용한다고 보는 것이지만, 실제로 지각 속에 이러한 사고 기능이나 판단 기능이 들어 있다는 사실은 전혀 증명되지 않았다.

포괄적인 판단 작용은 사물 세계의 자연적 파악에도, 구체적 도덕 생활에도 없다. 모든 도덕적 태도 결정은 직관적이고 직접적이며, 언제나 주어진 사태의 파악 속에 이미 포함되어 있는 것이지, 판단하는 오성을 기다리고 있는 것이 아니다. 도덕적 태도 결정은 지적 인식 작용이 아니라 정서적 감정 작용이다. 윤리학은 논리학과 상관없이 제시된다. 파스칼이 말한 것처럼 선천적인 '마음의 질서', 즉 '마음의 논리'가 있다.

'실질적 가치윤리학'의 이념

[셸러는] 윤리적 주지주의와 함께 형식주의, 주관주의도 제거했다. 원초적 가치감정은 어떤 내용적인 것을 시인하고 긍정하며 좋아하는 것이다. 가치의식은 실질적이고 대상적인 의식이다. 파악되는 가치 내용은 주관의 가치감정 피안에 있는 이념적 대상이다. 그러나 가치는 내용적으로 실질적인 그 무엇이지, 공허하고 추상적인 형식이 아니다. 그래서 그것이 실현되어 있지 않은 한에서만 원리적으로 실현 가능한 것이다. 따라서 가치는 바로 이 실질성을 통해 실제적인 도덕생활에 관계하는 명법의 내용을 규정할 수 있다. 왜냐하면 명령하고 실현할 수 있는 것은 오직 적극적 내용뿐이고, 결코 내용 없는 형식과 추상이 아니기 때문이다. 윤리학이 '실질적 가치윤리학'이 될 수밖에 없는 이유도 이 때문이다.

제5장 윤리적 가치의 본질

본질로서 가치

현존하는 것, 현실적 사물, 현실적 의식 외에 다른 존재자의 영역이 있다는 사실은 오래전부터 통찰되어 왔다. 플라톤의 이데아, 아리스토텔레스의 형상, 스콜라철학의 본질 등이 모두 이 영역에 대한 이름이다. 이 영역이 근세에는 주관주의 때문에 오해를 받아 왔으나 지금은 현상학파에 의해 다시금 '본질의 영역'으로 인정받고 있다.[4)]

가치는 그 존재 방식에서 플라톤의 이데아와 같다. 가치는 감각적으로 보이거나 만져지는 것이 아니라 정신적으로 관조될 뿐이다. 가치가 무엇인지 아직 분명하게 말할 수는 없지만, 적어도 가치가 본질이라는 명제가 적용된다는 것쯤은 곧 알게 될 것이다.

이 말은 결국 칸트 윤리학에 대한 비판에서 밝혀진 것을 요약한 것에 불과하다. ① 가치는 사물(또는 그 관계)에서도, 주관에서도 나오지 않는다. ② 가치는 내용 없는 것이 아니라 그 자체가 내용이고 실질이다. ③ 가치는 사

---

4) 본질(Wesenheit)은 라틴어 에센티아(Essentia)의 번역이다.

고의 산물이 아니라 직관되는 것이다. 이 점에 관해 자세히 살펴보자.

가치는 재(財, 가치물)에 의존하지 않을 뿐만 아니라 어떤 사물이 재의 성격을 띠게 하는[가치 있는 것으로 되게 하는] 것, 이를 칸트식으로 표현한다면, 재의 가능성을 제약하는 조건이다. 다른 한편으로 가치는 오직 재에서만 나타나기 때문에 재에서 추출되는 것으로 보기 쉽다. 그러나 어떤 것이 유용하다고 경험할 때, 거기에는 이미 유용하다는 가치가 알려져 있다. 이 가치를 아는 것은 감정적이고 비반성적인 앎이고, 선천적인 앎이다.

그 존재 방식에서 볼 때에는 재와 재가 아닌 것이 모두 같다. 그렇다면 이 양자를 구별해 주는 기준은 무엇인가? 그것이 바로 가치다. 예를 들어 무엇 때문에 열심히 일하느냐는 물음에 대해 먹고 살기 위해서라고 대답하는 것만으로는 부족하다. 이에 덧붙여 가치 있는 삶을 살기 위해서라고 대답하지 않으면 안 된다. 이때 우리 삶에 가치를 부여하고 우리가 하는 일을 뜻 있게 하는 것이 가치다. 이러한 가치는 경험에 앞서 알려지지 않으면 안 된다. 또한 우리는 다른 사람의 생활양식을 보고 가치를 경험하는데, 이렇듯 다른 사람의 생활이 가치 있다는 것을 알기 위해 우리는 미리 자신의 가치 표준을 가지고 있어야만 한다.

이러한 관계를 플라톤이 《리시스(Lysis)》에서 잘 설명해 준다. 어떤 것이 바람직스럽게 여겨지는 까닭은 그것이 가치 있기 때문이다. 사랑하고 욕구하기 때문에 가치 있는 것이 아니라 가치가 있기 때문에 사랑하고 가지고 싶어 하는 것이다. 이 관계는 불가피하게 일방적인 의존 관계를 나타낸다. 여기서 가치는 본질이고, 절대적 존재이며, 원리다. 그 인식은 선천적이다.

가치의 상대성과 절대성

어떤 사물은 우리에게 좋은 것일 수도, 나쁜 것일 수도 있다. 좋은 것이든 나쁜 것이든 모두 우리가 의지하는 목적이 되고, 추구하는 대상이 된다. 이에 대해 시인하고 부정하는 인간의 태도가 있다. 문책하고 단죄하고 책임을 지우는 마음속 깊은 곳에서 양심이 발동한다. 이 모두가 인간의 생활 태도를 규정한다. 이때 우리의 생활이 보다 앞서 있는 가치의 지배를 받는다고 전제하지 않는다면, 우리의 생활 태도는 잘 이해되지 않을 것이다. 고대의 윤리학에서 재와 덕에 관한 이론들이 모두 가치 사상에 토대를 두고 있었지만, 명백한 가치 개념을 가지지는 못했다. 더욱이 근대의 주관주의는 가치 그 자체에 관해 자세하게 아는 것을 방해했다.

[주관주의에 따르면] 우선 가치는 주관적이라는 의혹을 사고 있다. 재는 그것을 평가하는 주관에 대해서만 가치 있고, 행위나 마음씨, 인품이 지닌 도덕적 성질도 그것을 평가하는 사람에 대해서만 성립하며, 죄나 책임도 그 관념에서만 성립한다. 이렇게 평가된 모든 것에서 가치성질은 인간의 의식에 대해서만 성립한다. 이렇게 볼 때 가치에는 객관성이 없어진다. 즉, 가치는 평가하는 주관에 의존적이다. 이리하여 니체 '가치상대설'의 문이 열린다. 그러나 가치상대설은 위에서 고찰한 가치 현상과 부합하지 않는다. 가치는 단지 관찰하는 주관에 대해서만 존재하는 것이 아니라 그 자체로 존재한다. 가치가 있다는 것은 발견되는 것이다. 즉, 우리는 가치가 의식과 독립해 있는 것으로 의식한다.

주관에 대해 어떤 것은 좋게 느껴지고, 어떤 것은 나쁘게 느껴진다. 이러한 의미에서 일반적으로 재가치는 그것을 느끼는 주관에 대해 상대적이다. 그러나 어떤 것을 좋게 느끼고 나쁘게 느끼는 이 관계를 주관이 임의로 변경할 수는 없다. 물론 좋거나 나쁜 것이 누구에게나 똑같으리라는 법은 없다. 그것은 가치감정의 예민한 정도에 따라 다를 테지만, 그것이 좋거나 나쁜 것을 임의로 변경할 수는 없다. 이것이야말로 가치의 절대성을 말해 준다. 재가치는 주관에 의해 재로 평가된다는 점에서 주관에 대한 상대성을 갖지만, 평가하는 주관이 그 가치성질을 멋대로 변경할 수 없다. 이 점에서 가치는 절대성을 지닌다.

여기서 우리는 가치의 '주관에 대한 상대성(Relativität auf das Subjekt)'과 '가치상대성(Wertrelativität)'을 구분해야만 한다. 가치의 주관에 대한 상대성이란—가치의 주관 의존성을 말하는 가치상대성과 달리—사람에 대해 상대적임을 말한다. 즉, 이 상대적 관계는 그 사람에 대한 관계이지, 평가하는 주관에 대한 관계가 아니다. 가치판단은 어떤 재물이 [그것을 판단하는] 사람에 '대해(für)' 얼마나 가치 있는가에 달려 있다. 이 '대해'에서 주관은 결코 가치를 결정하는 역할을 담당하는 것이 아니라 가치의 실질을 이루는 관계를 짓는 역할만 담당할 뿐이다. 그것은 마치 기하학이 공간에 대해 타당하고, 기계적 법칙이 물체에 대해 타당하며, 생리학의 법칙이 유기체에 대해 타당한 것과 같다. 기하학, 기계적 법칙, 생리학 법칙에서 이들 법칙이 지닌 범주적 내용의 '상대성'을 주장할 사람은 아무도 없을 것이다. 단적으로 말해 가치의 주관에 대한 상대성은 주관의 평가에 대한 상대성이 아니라 그 범주적 구조 전체를 아우르는 주관의 존재에 대한 상대성을 말한다.

가치의 주관에 대한 상대성이란 이른바 '관계성(Relationalität)'을 나타낸다. 관계성과 상대성(Relativität)은 구별되어야 한다. 관계성에서 대립 항은 기체(주관-객관의 구별)인데, 상대성의 대립 항은 절대성이다. 재가치의 주관에 대한 상대성은 재가치의 내용에 포함된 절대적 관계다. 그러므로 재가치의 존재는 주관에 대한 상대성에 의해 조금도 위태로워지지 않는다. 재가치의 존재는 주관과 그 가치감정에 대립해 있는 자체 존재(Ansichsein)라는 성격을 띤다. 재물의 대아존재(Fürmichsein, 對我存在)는 재가치의 자체 존재에 기인한다. 재물의 재물 됨의 본질 속에 그 대아존재가 포함되어 있다.

도덕적 가치의 절대성과 상대성

재가치는 도덕적 가치가 아니다[재가치가 어떤 사물에 부대되는 것과 달리, 도덕적 가치는 사람의 인격과 행위에 부대된다]. 이러한 의미에서 도덕적 가치에는 인격가치와 행위가치만이 속한다. 이들 가치는 사물에 부대되는 것이 아니라 행위, 의도, 마음씨에 달려 있다. 이들만이 칭찬과 비난의 대상이 된다. 양심, 책임감, 죄의식에서 말해지는 것도 이들 인격가치와 행위가치뿐이다. 재가치에서 나타나는 주관에 대한 상대성이 도덕적 가치에서도 성립할까?

재가치에서 객관적으로 성립했던 상대성[가치상대성]

이 여기서는 없어진다. 정직, 순결, 충실, 희생정신과 같은 도덕적 가치는 어떤 주관에 대해 가치 있다고 해서 가치 있는 것이 아니라 그 자체로 가치 있는 것이다. 도덕적 가치는 재가치보다 더 순수한 자체 존재다. 그러나 도덕적 가치에서도 주관에 대한 가치의 상대성이 나타나는데, 그것은 다음과 같은 세 방면에서 생겨난다.

첫째로 도덕적 가치는 간접적으로는 재가치다. 예를 들어 어떤 사람의 성실은 그것을 받는 사람에게는 재[즉 좋은 것]가 된다. 그러나 도덕의 본래 가치는 다른 사람에게 재가 되는 것이 아니다. 다른 사람에 대해 재가 되지 않더라도, 도덕적 가치는 그 자체 가치임을 잃지 않는다. 여기서 말하는 상대성이란 윤리적 가치의 성질에 관계하는 것이 아니라 도덕에 수반되는 재가치에 관계할 뿐이다. 고대 윤리학은 덕을 재로 간주하고, 덕을 최고선이라고 생각했다. 고대인은 주로 덕이 자신에 대해 재라는 점에 착안했던 것이다. 덕이 자신에게 재일 수 있는 것은 다른 사람에 대해서도 그럴 것이 분명하기 때문이다.

둘째로 도덕적 가치는 사람, 즉 다른 주관에 대해 상대적이다. 모든 도덕적 가치는 행위가치인데, 행위는 모두 누군가에 의해 일어난다. 행위는 언제나 어떤 개인이나 사람의 집단인 현실적 대상에 대해 일어난다. 행동을 수

반하지 않는 단순한 의향일지라도 그 대상은 사람이다. 여기서 상대성은 도덕적 행위의 본질 속에서 생겨나는 것이고, 그것은 윤리적 가치실질 자체에 들어 있는 수반된 재가치의 상대성과는 다른 것이다. 하지만 이 두 개의 상대성 사이에는 종속 관계가 성립한다. 다른 사람에 대해 재가 된다는 외면적 관계는 행동이 그 사람을 향해 있다는 내면적 관계에 기인한다[여기서 재가치의 상대성은 도덕적 가치의 상대성에 종속된다]. 그렇다고 해서 이 두 관계가 합치되거나 양쪽 가치가 혼동되는 것은 아니다. 예를 들어 성실이 다른 사람에 대해 갖는 재가치는 믿음직스럽다는 점에 있다. 하지만 성실한 사람의 도덕적 가치는 심정의 강함에 있다. 이 두 가치는 서로 상관적이지만 이질적인 것이고, 결코 일치하는 법이 없다.[5] 다른 사람에게 재가 되는 외적 관계는 그 사람의 마음씨가 성실하다는 내적 관계에 기인한다. 도덕적 가치실질의 구조에서 내면적 지향 상대성이 그것에 수반되는 재가치의 외면적 관계성을 제약한다.

셋째로 도덕적 가치는 가치와 가치 담지자 간에도 상

5) 이에 관한 자세한 논의는 이 책 제2부, 제1장 '가치표에 대한 일반적 관점'을 참조할 것.

대성이 성립한다. 이것이 더 근본적이다. 도덕적 행위는 의지하고 행위하고 지향하며 가치를 느낄 수 있는 사람만이 행할 수 있다. 이러한 사람이 도덕의 주체, 즉 인격이다. 도덕적 가치는 단지 행위에만 관계하는 것이 아니라 동시에 언제나 모든 인격에도 관계한다. 우리는 어떤 사람의 행위가 고결하다거나 마음씨가 비열하다고 말한다. 그럴 때 그 행위나 마음씨만 보고 말하는 것이 아니라 그 사람이 고결하거나 비열하다는 것을 본다. 결국 모든 도덕적 책임은 그 사람에게 돌아간다. 죄나 책임을 지는 것은 사람이다. 도덕적 가치는 가치를 담지하는 사람과 관계한다. 그러나 이것은 가치의 상대성을 의미하지 않는다. 고상한 심정의 도덕적 가치는 이러한 심정을 가진 사람이 있고 없음에 달려 있는 것이 아니다. 고상한 심정이 도덕적으로 가치 있음은 고상한 심정 자체가 도덕적 가치이기 때문이다. 따라서 가치 담지자인 사람에 대한 가치의 상대성은 가치실질의 본질에 속한다. 다시 말해 가치실질 속에서 가치를 형성하는 성질은 어떤 인격적 존재의 행위 성질이고, 간접적으로는 인격 자체의 성질일 수밖에 없다. 따라서 여기서 성립하는 상대성은 모두 실질적이다. 가치의 실질은 사람에 대한 관계를 포함한다. 이 실질은 사람에게만 나타난다. 왜냐하면 이 가치실질은 내용적으로 사람의 속성이라는 성격을 띠기 때문이다.

가치의 이념적 자체 존재

가치가 본질이라는 사실은 두 방면에서 밝혀진다. 첫째로 가치는 도덕적 생활의 모든 현상을 제약하는 선행 조건이다. 가치의식의 선천성은 그 부분 현상에 불과하다. 둘째로 가치는 평가자로서 주관에 대해 절대성을 갖는다. '주관에 대한 상대성'은 모두 실질의 구조에만 관계할 뿐이다. 실질의 가치는 실질의 구조와 동일한 것이 아니다. 실질과 가치성격은 일치하지 않는다. 실질은 내용적인 것이고, 그 내용이 가치성격을 띤다. 다시 말해 가치가 실질에다 고차적 의의와 의미를 부여한다.

가치가 본질이라는 것은 그 존재 방식에서 볼 때 주관에 대해 상대적인 것이 아니라 주관이 임의로 좌우할 수 없는 자립적 법칙과 권능을 가지고 주관에 대해 그 자체로 존재하는 성격을 가졌다는 것을 말한다. 인식론적으로 모든 자체 존재에 대해 타당한 것이 가치에 대해서도 타당하다. 가치는 보이는[직관의] 대상이다. 그러나 가치는 보임에서 비로소 생겨나는 것이 아니다. 가치인식은 곧 존재인식이다. 따라서 가치파악도 다른 인식과 마찬가지로 초월적[선천적] 작용이다. 가치를 보는 작용에서 주관은 순전히 수동적이다. 그 대상인 자존하는 가치에 의해 주관은 규정된다.

이론철학에서 본질에는 두 가지 자체 존재, 즉 실재적인(real) 자체 존재와 이념적인(ideal) 자체 존재가 있다. 전자에는 모든 사물과 사건, '현실적인 것', 현존하는 것 모두가 속하고, 후자에는 순수수학과 논리학의 구성체, 개별적 현존재를 넘어 선천적으로 관조되는 모든 본질이 속한다. 실천적 영역에서도 행위, 마음씨, 결의와 의도 같은 모든 윤리적 현실뿐만 아니라 가치판단, 책임의식, 죄책감 같은 것은 모두 실재하는 자체 존재를 갖는다. 말하자면 가치의 존재를 예상하는 모든 것이 이에 해당한다. 그러나 가치는 실재하는 자체 존재가 아니다. 가치는 행위의 원리인 동시에 현실을 규정하고, 여러 단계에 걸쳐 '실현'될 수 있지만, 가치의 특수한 존재 방식과 본질은 어디까지나 이념적이다. 엄밀히 말해 이때 실현되는 것은 가치 자체[즉, 실질의 가치성격]가 아니라 가치성격을 띤 실질이다.

가치의 존재 방식은 분명히 이념적인 자체 존재다. 가치는 본래 그 자체의 구조와 법칙, 질서를 지닌 윤리적 · 이념적 영역의 구성체다. 이 윤리적 · 이념적 영역은 이론적 · 이념적 영역, 논리적 존재 영역, 수학적 존재 영역, 본질의 영역과 유기적 관계를 갖고 있는 연속체다. 전자와 후자는 비록 그 존재 구조가 다르더라도 이념적 자체 존재라는 양상적 근본 성격은 같다. 이들은 모두 선천적으로 인식될 수 있는 것들이다.

'배신은 가증스러운 일이다', '남의 불행을 좋아하는 것은 비난받아 마땅하다' 등의 도덕적 판단은 가증스럽다거나 비난받아 마땅하다는 느낌의 표현이지만, 이 판단이 의미하는 것은 이러한 감정 속에 독립적이고 객관적으로 존재하는 '가증스러움' 또는 '비난받아 마땅함'의 나타남이다. 그것은 대상적으로 자체 존재하는 어떤 사태이고, 이념적인 자체 존재다. 가치가 이념적 자체 존재를 갖는다는 이 명제가 윤리학에서는 매우 중요하다. 그것은 단지 가치가 선천적이고 절대적이라는 데 그치지 않고, 현실과 의식의 저편에 순수 예지적 세계가 있음을 말한다. 즉, 가치란 조작된 허구나 몽상의 세계가 아니라 실제로 존립하는 것이다. 그것도 가치감성이라는 현상에서 파악되는 윤리적 이념의 영역에 속하는 것이다. 윤리적인 실재의 영역과 작용의 영역 외에 이 세계가 존립함은 존재의 영역과 인식론적인 작용의 영역 외에 논리의 영역이 존립함과 같다.

선천적 명제와 자체 존재의 명제는 서로 별개다. 편견

이나 임의의 가정, 표상, 감정 등도 선천적일 수 있다. 가치는 일차적으로 감정에 주어진다. 감정은 지성보다 객관성이 떨어지는 만큼 가치의 객관성이 의심받을 수 있다. 그러나 자체 존재에서는 이러한 모든 의혹이 해소된다. 수학적 명제가 임의로 구성될 수 없듯이, 가치감정도 임의로 환기될 수 없다. 스스로 가치 있는 것만을 우리는 가치 있는 것으로 느낄 수 있다. 가치감정은 수학적 통찰과 마찬가지로 객관적이다. 그러나 가치를 자체 존재하는 것으로 보지 않고 감정에서 일차적으로 생겨난다고 볼 때, 가치에 대한 오해가 생겨난다. 그것은 '르상티망(Ressentiment)'과 같은 현상에서 뒤집힌 가치감정으로 인해 생겨난 가치위조와 같은 것이다[가치위조는 가치를 오인함으로써 일어난다]. 이러한 가치오인은 소극적인 것으로서 가치를 볼 수 있는 능력이 없음, 즉 가치맹목이다. 그러나 가치맹목은 전적으로 맹목적인 것이 아니라 어떤 종류의 가치감정에 대해서만 맹목이다. 수학에 훈련이 안 된 사람이나 재능이 없는 사람이 수학에 대해 몰이해하듯이, 가치감정에도 교양의 유무, 능력의 높고 낮음이 있다. 개인의 성숙도가 다르고, 인류의 역사적 성숙도가 다르다. 역사적으로 가치감정이 반드시 진보하는 것도 아니다. 얻는 것이 있으면 잃는 것도 있다. 이러한 차이가 우리의 가치의식을 편협한 것으로 만든다. 여기서 맹목도 생겨난다.

원리로서 가치

논리적 이념 구조, 수학적 구조, 실재하는 존재자에 포함된 본질 등은 동시에 실재하는 존재자의 구조와 일정한 관계를 가지고 있다. 논리학, 수학, 이론적 본질 분석의 존재론적 의의는 이념과 실재가 일치한다는 사실에 기인한다. 그러나 이념적 구조와 실재적 구조는 부분적으로 일치하고, 부분적으로는 괴리가 있다. 윤리의 영역에서도 실제적인 것과 이념적인 것의 일치도 있고, 한계도 있다. 그러나 윤리의 영역에서 일치하지 않는다 해서 관계가 끊어지는 것은 아니다. 오히려 일치하지 않는 데서 관계는 더욱 명확하게 드러난다. 윤리적인 이념적 자체 존재는 자기와 어긋나는 현실을 비가치로 규정하고 배척한다. 즉, 윤리적 자체 존재는 비가치와 대립하는 자기의 이념을 보여 준다. 이때 도덕의식은 그것을 마땅히 존재해야만 하는 것(존재 당위, Seinsollen)으로 느낀다.

가치는 비가치에 대해 그것이 현실적임을 부정하지 않지만, 그것에 승복하지도 않으면서 오히려 독특한 방식으로 이를 배척한다. 이러한 배척은 이론적 부정과 아무 관계도 없다. 배척은 배척된 것의 현실성을 거부하는 것이 아니라 그러한 현실성에도 불구하고 인정하지 않고 무시해 버리는 태도다. 현실 속에 있지 않은 가치가 현실 속에서 실현되기를 요청한다는 점에서 가치의 인정은 그 경향으로 봐서 창조적이다. 물론 가치는 단순히 이념적인 것이기 때문에 창조나 파괴를 현실 속에 주장할 힘이 없다. 그러나 현실에 대한 관계가 일치의 한계를 넘어 성립한다는 것은 분명하다. 불일치하는 데서 도리어 이 관계는 긴장되고, 어떤 경향성을 띠게 된다. 그리고 이 관계는 어떤 실제적인 힘을 가진 사람이 이념적인 것의 경향을 위해 몸바쳐 일하도록 만들어질 때 하나의 사실적 관계, 즉 이념적 경향이 실제적 경향으로 변해서 현실을 개조하는 운동으로 나타날 것이다.

이념적 자체 존재는 그 자체로 원리적 존재가 아니다. 오히려 이념적 존재의 각 영역에는 각기 특수한 원리, 최고 법칙, 공리 또는 범주가 들어 있다. 논리학이나 수학도 그렇다. 실재하는 자체 존재에도 고유한 원리가 있다. 인식의 영역에도 독자적인 원리가 있다. 인식의 원리는 실재의 존재 원리 및 이념적 존재 원리와는 별개의 것이다. 이 말은 세 가지 원리 사이에 일치점이 없다는 의미가 아니다. 현실과 이념에 대한 선천적인 원리적 인식은 현실과 이념의 존재 범주가 인식 범주와 내용적으로 일치하는 한에서만 가능하다는 것이 분명하다. 그러나 윤리의 영역에서는 사정이 다르다. 가치도 원리다. 가치가 윤리적 현상을 가능하게 하는 조건이라는 말이다. 따라서 가치는 직접적으로 윤리적 현실의 원리, 적어도 그 행동 원리라고 생각되나, 사실은 그 반대다. 윤리적 현상이 가치의 내용을 완전히 충족시켜 주는 일은 없다. 윤리는 가치를 충족시키기도 하고, 가치와 어긋나기도 한다. 가치의 실질적 내용은 현실에 관계하나 이념적 내용으로서 가치가 실재하는 현실 존재와 같은 것은 아니다. 가치가 실제적인 현실 속에 실현되는 경우에도 현실이 가치를 원리로 해서 필연적으로 일어나는 것은 아니다. 가치는 늘 자신이 현실과 독립적으로 실현되건 말건 상관없이 존재한다. 이러한 의미에서 독립성은 주관과 주관의 평가로부터 독립성과 함께 가치의 절대성을 이루는 요소다. 가치는 어디까지나 이념적 자체 존재이고, 그것이 원리인 한에서만 윤리적 · 이념적 영역의 원리일 뿐이다.

가치가 윤리적 · 이념적 영역의 원리에 그친다면, 그 실천적 의의는 없어지고 말 것이다. 그렇다면 가치는 윤리적 원리일 수 없게 된다. 가치는 [윤리적으로 이념적 영역의 원리인] 동시에 윤리적으로 실천적 영역의 원리가 되어야만 한다. 가치가 어떻게 이념적 영역에서 실재하는 행위의 영역으로 넘어가는가? 이것은 형이상학적 문제다. 그러나 이 초월이 실제로 행해지고 있다. 즉 가치의식이 있고, 가치의식이 모든 가치판단, 책임감, 죄의식 등을 규정한다. 양심의 현상은 가치의 현실성을 분명히 증언한다. 심정, 의지, 행위에서도 가치의 현실성은 분명하다. 의도나 목적은 반드시 가치에 의해 규정된다. 윤리적 행위 영역 전체에 걸쳐 가치관점은 일관한다. 가치를 원리로 해서 나오는 결단이 윤리적 행위의 전제가 된다. 이러한 의미에서 가치는 동시에 윤리적 행위 영역의 원리가 된다.

이것은 물론 이념적 영역과 전혀 다른 의미에서 말하는 원리다. 이념적 영역에서 가치는 최고의 결정권과 규정하는 힘을 가지고 있다. 이론적 영역에서 모든 것이 범주에 종속되듯이, 윤리에서 모든 것은 가치에 무저항적으로 종속된다. 가치는 윤리적으로 이념적 영역에 있는 범주라 해도 좋다. 그러나 [실천적] 행위의 영역에서 모든 것은 가치에 복종하는 것이 아니다. 욕구는 재에 관계된 것으로서 일종의 자연법칙성을 보여 준다. 높은 목표에 대한 노력은 높은 가치에 대해 한층 자유로워서 비록 그 가치가 분명히 인정된다 하더라도 반드시 그것에 따르는 것이 아니다. 우리의 행위뿐만 아니라 가치판단도 그때마다 가치의식의 범위 안에서 일어난다. 그런데 우리의 가치의식은 언제나 가치세계의 일부분을 아는 것에 불과하다. 그러니까 윤리적 가치가 도덕적 의식 및 행위의 원리로서 구실을 하는 것은 지극히 제한된 범위 내에서만 가능하다. 가치가 원리의 구실을 하는 조건은 가치세계에 있는 것도, 이념의 영역에 있는 것도 아니고, 이들과는 전혀 다른 도덕의식의 법칙성 속에 있다. 이 법칙성이 가치를 선택하는 작용을 한다. 이 작용에서 가치는 범주와 근본적으로 다르다.

윤리적 가치는 원칙적으로 모든 윤리적 행위 영역에 다당한 원리가 되어야만 한다. 그러나 현실적으로 그렇지 못한 이유는 가치가 아니라 행위 세계 자체 때문이다. 이 관계는 오히려 윤리적 현상의 본질에 속한다. 가령 행위가 가치에 따르는 것이 범주에 대한 인식의 관계와 같다면, 윤리적 현상은 결코 존재하지 않을 것이다.

가치는 행위가 가치와 일치하지 않을 때도 힘을 잃지 않고, 오히려 하나의 특이한 긴장 관계를 생겨나게 한다. 이것은 형이상학적으로 말하면 존재론적 규정과 가치론적 규정이라는 두 가지 다른 원리가 하나의 세계에 공존함으로써 생겨나는 현상이다. 이 하나의 세계가 첫째로 도덕의식의 활동 영역이고, 둘째로 실재 세계 일반이다. 그렇기 때문에 부단히 갈등이 밀려오고, 이 갈등의 새로운 해결이 되풀이되는 긴장 국면이 조성된다. 도덕의식은 이 실재하는 세계에 속하고, 이 실재하는 세계에서 생겨난다.

여기서 원리로서 가치가 지닌 제3의 형이상학적 성격이 드러난다. 즉, 가치는 윤리적으로 실재하는 현실의 원리다. 그리고 행위 영역을 통해 가치는 간접적으로 존재론적 범주와 같은 선상에서 실재하는 것을 규정할 수 있다. 윤리적 행위 영역에 관해 말하는 것은—적당히 변경하면—윤리적 현실에도 적용된다. 윤리적 현실은 행위에 의해 매개됨으로써 비로소 가능하기 때문에 그렇다. 가치는 자기 자신을 위해 힘쓰는 인간이 있을 때에만 실현될 수 있다.

제6장 당위의 본질

가치와 당위의 관계

원리로서 가치의 규정 속에는 분명히 당위(Sollen)의 개념이 포함되어 있다. 이 당위의 개념은 윤리적 가치의 본질에 속하면서, 아직 실현되지 않은 가치실질이 문제 될 때 가치실질이 언제나 당위로 느껴지게 한다. 가치 그 자체는 순수 이념적 존재이지만, 실재를 향하는 경향도 지니고 있다. 이 경향성이 이념성과 어떻게 조화를 이루는지가 의문이다.

이 의문은 당위의 양상 분석에 의해 비로소 풀린다. 우선 가치와 당위의 관계를 별도로 상세하게 규정해야만 한다. 가치는 그 실질 내용이 아직 현실적인 것이 아닌데도 마땅히 존재해야 한다는 것은 불합리하다. "사람은 정직해야 마땅하다"는 것은 사람이 실제로 정직할 때만 타당한 말이다. 이것은 모순이 아니거니와 동어반복도 아니다. 따라서 당위 요소는 가치의 본질에 속하고, 가치의 이념적 존재 방식 안에 이미 포함되어 있는 것으로 보지 않을 수 없다.

이러한 의미에서 당위는 의지하는 주체를 향한 행위

당위(Tunsollen)가 아니라 이념적인 순수 존재 당위다.[6] 어떤 것이 가치 있다는 것에서 어떤 사람이 그렇게 행하지 않으면 안 된다는 결론이 나오지는 않는다. 당위는 마땅히 '존재'해야만 하는 것이고, 그것은 실재하는 현실/비현실, 가능/불가능의 구별에 구애받지 않는다. 예를 들어 세계 평화는 마땅히 있어야만 한다. 그것은 단지 현실적이거나 가능한 것이기 때문에 의미 있는 것이 아니라 그 자체로 의미 있는 일이다. 어떤 사람이 마땅히 세계 평화를 실현해야만 한다고 말하는 것은 무의미하다. 거꾸로 실제로 자연적으로 주어지는 가치물에 대해 그것이 마땅히 있어야만 한다고 말할 수 있는데, 여기에 당위의 여지가 있으려면 누군가에게 그 가치가 결여되어 있고 또한 그가 이 가치를 추구하려 해야만 한다. 이로부터 행위 당위가 나온다. 그러므로 행위 당위는 존재 당위에 의해 제약받지만, 행위 당위가 모든 존재 당위에 부대되는 것은 아니다. 이 점에서 재와 도덕적 가치 간에는 구별이 없다. 이념적 존재 당위는 언제나 가치에 부대되어야만 하지만, 행위 당위는 반드시 가치에 부대되어야 하는 것이 아니다.

---

6) 행위 당위란 의지하는 인간의 행위에 부가되는 당위이고, 존재 당위는 이념적으로 있어야만 하는 존재에 부가되는 당위를 말한다.

존재 당위는 이념계에서 나와 실재계로 향한다. 이러한 의미에서 가치와 이념적 존재 당위는 불가분의 관계에 있다. 그러나 양자는 동일한 것이 아니다. 당위는 어떤 것을 향하는 방향이고, 가치는 당위 방향이 지향하는 어떤 것 자체다. 목표는 방향을 제약하고, 목표를 향한 방향은 목표의 존재 방식을 제약한다. 가치와 이념적 존재 당위는 서로 제약한다. 이념적 존재 당위는 가치의 존재 방식이고, 그것은 실질의 구조와 관계없는 독특한 양상이다. 그런데 가치는 마땅히 존재해야 하는 존재 당위의 내용이다. 가치는 그 존재 양상이 이념적 존재 당위인 것의 범주적 구조다. 옛날 개념으로 표현한다면, 이념적 존재 당위는 가치의 형식적 조건이고, 가치는 존재 당위의 질료적 조건이다.

이념적 존재 당위와 현실적(aktual) 존재 당위는 구별되어야 한다. 이념적 존재 당위가 현실과 대립할 때, 즉 자체 가치가 비현실적일 때, 현실적 존재 당위가 출발한다.

이러한 종류의 당위는 영역 간의 구조적 불일치, 즉 양자 간의 긴장 관계에서 드러난다. 이 긴장이 곧 현실성이다. 실재적인 것은 이념적인 것에 대해 무관심하나, 이념적인 것은 실재적인 것에 대해 무관심하지 않다. 이념적인 것은 실현의 가능/불가능을 넘어 현실적인 것을 향한다. 현실적 존재 당위는 아직 행위 당위가 아니고, 반드시 행위 당위를 수반해야 하는 것도 아니다. 왜냐하면 있지 않은 모든 것이 추구의 대상이 아니라 오직 마땅히 있어야 하는 것만이 추구의 대상이기 때문이다.

현실적 존재 당위는 마땅히 있어야만 하는 것(Seinsollendes)이 주어진 현실 속에 들어 있지 않음을 전제한다. 따라서 현실적 존재 당위는 실재적이고 자체적으로 존재하는 세계 내에서만 가능하다. 다시 말해서 현실적 존재 당위는 이 실재적이고 자체적으로 존재하는 세계 및 마땅히 있어야만 하는 것의 내용과는 다른, 이 세계의 존재적이고 현실적인 결정을 함께 전제한다. 현실적 존재 당위는 존재론적 체계 전체의 제약을 받는다. 그러나 '다르게 있음'과 '저항하고 있음'은 곧 '마땅히 있어야만 하는 것'의 '있지 아니함'이다. 따라서 존재 당위란 있지 않은 것을 현실적으로 만드는 것이다. 아무런 저항이 없는 곳에서는 경향성조차 불가능하다.

현실적 당위로서 당위는 존재에 의존한다. 그러나 존재자의 특수한 구조나 내용에 의존하는 것이 아니라 실재하는 존재자 일반의 존재에 의존한다. 그러나 존재는 존재 당위에 의존하지 않는다. 실재의 세계는 아무런 존재 당위도 없고, 개입하려는 경향성도 없다 할지라도 있을 수 있다. 태연자약하고 오직 존재론적으로만 움직이면서 완결되는 현실적인 세계는 어떤 것을 향한 '경향성'이나 추구, 목적 활동 없이도 훌륭하게 있을 수 있다. 실재 세계는 그 속에서 가치를 보고 경향성의 능력을 지닌 존재자가 없더라도 현실적으로 존재한다.

이것은 원리로서 가치가 존재 범주보다 질적으로 우선한다는 것과 조금도 모순되지 않는다. 원리의 단계적 세계에서는 언제나 의존하는 것이 반드시 우선한다. 높은 원리는 어디서나 훨씬 복잡하고 더 제약되어 있다. 이러한 의미에서 높은 원리는 약한 것이다. 그러나 낮은 원리는 언제나 무제약적이고 보편적이며 요소적이다. 이러한 의미에서 낮은 원리가 더 강하다. 높은 것은 낮은 것을 파괴하거나 돌파하지 못하고, 낮은 것의 규정하는 힘에 대항하지도 못한다. 하지만 낮은 것을 토대로 해서 그 위에 더 높은 형태가 형성된다. 이 점에서 높은 것의 우선성이 주어진다. 이념적 세계에서 실재의 세계로 넘어올 때 가치를 지닌다는 것이 바로 이 우선성이다. 존재론적으로 형성된 모든 실재 세계는 이러한 가치의 초월 작용에 대항한다. 이 대립은 가치가 현실적인 존재 당위가 되기 위한 존재 방식의 장애물인 동시에 제약이다.

가치와 비가치라는 양극단을 갖는 존재 당위의 차원에

서 볼 때, 본질은 모든 존재 당위에서 동일하다. 그것은 오직 일반적인 구조에서만 그러한 것이고, 존재 당위의 내용이 변하면, 차원의 본질도 실질적으로 분화된다. 마땅히 있어야만 하는 내용은 가치 속에 있다. 다양한 윤리적 가치가 있고, 모든 가치가 자신만의 독특한 존재 당위를 가지고 있는 만큼 존재 당위의 차원도 다양하다. 이 존재 당위 차원이 어떤 관계에 있는지는 당위의 본질에서 알려지지 않는다. 왜냐하면 당위는 모든 차원에서 동일하기 때문이다. 차원의 관계가 인정될 수 있다면, 그것은 오직 가치의 체계에서만 가능할 것이다. 왜냐하면 방향과 위치는 각 차원의 이념적 극단에 의해 정해지기 때문이다. 여기서 해명될 수 있는 것은 가치실질 간의 내적 관계뿐이다.

주관에 대한 당위의 위치

현실적 존재 당위는 이념적 영역에는 있지 않다. 이념적 존재 당위가 이념계에서 나와 실재계의 영역으로 들어갈 때, 그것이 현실적 존재 당위로 된다. 여기서 무엇이 결정되면, 이 결정은 현실적인 창조, 즉 하나의 산출이 된다.

현실적 존재 당위가 비록 전혀 다른 [이념적] 영역에서 나왔다 하더라도, 현실적인 영역에 적용되도록 하는 힘을 지녔다면, 따라서 현실적 존재 당위가 세계 과정의 맹목적 진행 과정에 개입한다면, 존재자 속에는 당위에 대한 하나의 관계점이 있어야 할 것이다. 이념적 힘이 실재하는 것을 움직일 수 있고, 스스로 실재하는 힘이 되는 아르키메데스 점 말이다. 이를 위해 당위와 존재 자체가 더 높은 의미의 존재 아래 포섭된다거나 '당위의 존재(Sein des Sollen)'가 있다는 견해만으로는 불충분하다. 이 '더 높은' 것에서 이념적 자체 존재와 현실적 자체 존재의 형이상학적 통일이 이미 전제되어 있어야만 한다. 여기서 우리는 이 현상을 파악해 그 구조를 추구하고, 그 아포리아를 밝히지 않으면 안 된다.

실재하는 존재자에게서 당위의 기원을 찾아서는 안 된다. 당위의 기원은 존재의 '피안(jenseits)'에 있다. 다만 존재 당위가 나타나는 점, 즉 이념적인 것이 실재하는 힘으로 변하는 형이상학적 전환점은 실재 속에 있다.

실재계에서 현실적 존재 당위의 거점은 주관이다. 주관은 마땅히 있어야만 하는 존재 당위가 아니라 현실적인 존재자들 가운데 하나다. 주체의 발생과 소멸은 전적으로 현실의 법칙에 따른다. 동시에 주관은 그 내면세계, 즉 자신의 법칙성을 갖는 의식에 의해 다른 존재자와 구별된다. 주관은 가치세계와 형이상학적 연결을 맺고, 이념적 자체 존재와도 접촉한다. 주관은 자발적 자기 운동, 즉 무엇을 향한 경향성의 능력을 갖고 있다. 주관은 자신 속에서 현실적 존재 당위가 현실적 경향성으로 전환될 수 있는 유일한 실재 현상이다.

당위의 형이상학이란 이러한 현실적인 주체가 없다면 실재 속에서 당위가 실현될 길(존재 당위의 현실성)이 없다는 것을 말한다. 여기서 당위는 어떤 매개자 없이도 현실성을 유지할 수 있을 뿐만 아니라 직접적으로 결정하는 존재론적 원리의 있음과도 근본적으로 구별된다. 존재론적으로 존재는 주관과 객관의 피안에서 양자를 포괄하고, 존재에서 주관과 객관은 동등하다. 그러나 당위는 존재의 피안에서 존재자와 비존재를 포괄한다. 당위는 그 내용이 비존재일 때, 현실적으로 된다. 당위가 존재에 개입해 현실적 존재 당위를 만든다면, 그것은 오직 당위가 이미 존재하는 것을 붙잡아 마땅히 있어야만 하는 존재 당위의 방향으로 돌려놓음으로써만 가능하다. 당위가 주관을 파악한다. 왜냐하면 주관만이 가치의 이념적 힘에 의해 파악될 수 있기 때문이다. 그 밖에 다른 존재자는 이념의 부르짖음을 듣지 못한다.

주관은 다만 존재자의 세계를 의식하고, 인식자로서 의의를 가진다. 그러니까 주관은 '존재의 거울'이다. 그러나 존재는 인식 주관에 대해 무관심하고, 인식 주관은 존재에 대해 무관심하다. 주관은 당위에 대해 더 큰 의의를 지닌다. 물론 이념적 존재 당위는 주관과 독립적으로 성립하지만, 현실적 존재 당위는 주관을 기다려서 비로소 현실에 영향을 미칠 수 있기에 그렇다. 결국 존재 당위는 가치를 느끼고 가치를 목적으로 품을 수 있는 매개자, 즉 실천적 주관을 통해 실재하는 것을 결정한다.

이때 의식은 존재 당위를 인식하는 의식이 아니라 적극적으로 추구, 의욕, 행동하는 의식이다. 여기서 존재 당위는 주관의 행위 당위로 전환된다. 가치가 현실적 존재 당위에서 하고자 했던 것은 주관의 활동에 의해 성취된다. 가치가 직접 규정하는 것은 주관의 활동뿐인데, 그것도 무제약적으로 규정하는 것이 아니다.

도덕적 주관은 말하자면 실재의 세계에서 당위를 관리하는 자다. 그러나 이 관리자는 무조건 신뢰할 수 있는 형이상학적 선의 관리자가 아니다. 현실적 존재 당위를 존재 당위로 받아들이느냐 받아들이지 않느냐는 주관의 성질에 달려 있다. 이것은 곧 존재 원리에 대한 당위의 열세를 말하고, 당위의 열세는 동시에 주관의 강력함을 말한다. 이론적 주관이 한갓 존재의 거울에 불과한 것과 달리, 실천적 주관은 스스로 세계를 개조하고 개량하는 소규모의 세계 창조자다. 이렇게 실천적 주관이 만드는 것은 주관에서 나온 것이 아니라 다른 세계에서 탐사해 낸 것이다. 이 탐사해 낸 것이 자기에게 위탁된 재이고, 주관은 재를 요청으로 느끼지만, 강제하는 것은 아니다.

가치는 이념적 본질로서 자존하는 것이고, 주관에 의해 정립될 필요가 없다. 그러나 실재계에서는 이 자체 존재만으로는 부족하고, 가치에서 나오는 존재 당위를 현실화하기 위한 또 하나의 정립이 필요하다. 실제적인 주관이 이미 '있는' 것과 대립해서 가치를 정립해야 한다. 이러한 정립의 형식이 곧 목적이다.

실재하는 주관의 작용 영역에서 목적으로 삼는 것은 주관의 배후에 이념적으로 자존하는 가치다. 그러나 모든 가치가 현실적 당위의 목표점이 되고, 더욱이 주관을 향한 행위 당위의 목표점이 되는 것은 아니다. 여기서는 오직 행위 당위만이 문제가 된다[목적에 관계하는 것은 우리의 '의지'다]. 의지에 대한 목적의 관계는 당위에 대한 가치의 관계와 비슷하다. 목적은 실천적 주관에 의한 가치 정립이다. 실천적 주관만이 목적을 정립할 수 있다. 주관은 오직 스스로 직관한 가치를 의지의 목적으로 삼을 수 있다. 물론 가치감정이 잘못 보는 일도 있다. 그러나 주관은 가치 있는 것으로 느낀 것이 아니라면, 그것을 목적으로 정립하여 추구할 수 없다.

주관과 인격

지금까지 우리는 존재 당위의 현실성이 주관에 의해 제약되는 한 측면만을 고찰했다. 그러나 이 제약은 다른 측면도 가지고 있다. 가치에서 나오는 존재 결정은 주관을 변화시키지도 않고, 주관을 통과하지도 않는다. 이 결정은 주관에 일종의 품위를 부여한다. 그리하여 주관은 '인격(Person)'이 된다. 이처럼 가치의 이념적 세계와 접촉하고, 이념적 세계에 실재성을 부여하는 형이상학적 경향을 지닌 주관이 곧 인격이다.

인격에는 두 가지 요소가 있다. 첫째로 가치가 주관을 강제하지 않는다. 가치는 주관에 대해 요구하되 자유의 여지를 남겨 둔다. 가치를 붙잡아 가치를 위해 작용하느냐 작용하지 않느냐는 주관의 자유다. 이것이 '도덕적 자유'다. 인격적 존재자는 자유로운 존재다. 인격적 존재자는 자신의 내부에 있는 자연의 자율성과 가치의 자율성 외에 자신의 원리, 자기 자신의 자율성을 가지고 있다. 둘째로 주관은 자율적 행위를 통해 가치를 얻는다. 이 가치는 대상 속에 있는, 행동하기 위한 가치와 동일한 것이 아니다. 도덕적 가치는 목적 속에 있는 것이 아니라 목적을 향해 행동하는 주관에 있다. 예를 들어 사랑하는 사람이 의지하는 목적은 애인의 인격이고, 사랑하는 사람의 도덕적 가치는 오로지 사랑하는 방식에 있다.

행위, 의지, 심정은—마음속 깊숙이 있는 순전히 감정적인 태도에 이르기까지—도덕적 가치를 지닌다. 따라서 주관은 도덕적 가치의 담지자다. 그런데 도덕적 가치의 담지자로서 주관은 곧 인격이다. 그러므로 도덕적 가치는 그 담지자인 인격에 의존한다. 주관은 자기 자신에 대해 목적을 정립한다. 목적을 정립하고 성취하는 작용은 서로 접촉하는 두 개의 동일한 초월 작용이면서 서로 독립해 있는 자유로운 활동이다. 인격은 이 두 작용에서 책임을 느낀다. 책임을 느끼는 인격적 주관만이 도덕적 가치/반가치를 띤다.

인격은 자유임과 동시에 도덕적 가치의 담지자다. 이 두 가지가 인격의 근본 요소다. 양자가 합쳐져 인격의 통일된 형이상학적 근본 성질을 이룬다. 양자는 모두 가치의 이념적 존재 당위를 전제하므로 당위의 형이상학은 동시에 인격의 형이상학이 된다.

자유와 도덕적 가치의 담지자라는 두 계기에서 지배적인 근본 관계는 일방적인 의존 관계가 아니다. 가치에서 유래하는 실재 세계의 결정이 도덕적 주관의 매개에 의존할 뿐만 아니라 주관도 역시 가치의 자체 존재 및 현실적 존재 당위에 의해 제약받는다. 주관은 가치가 결정하는 힘으로서 행위의 영역 속으로 들어감에 따라 도덕적 인격이 된다. 형이상학적으로 말하면, 이념적 결정성과 현실적 결정성 사이의 경계선에서만 인격적 본질은 가능하다. 다시 말해 양자의 상호 충돌, 대립 및 일치를 무대로 인격은 가능하다. 두 세계, 즉 존재론적 세계와 가치론적 세계를 결합하는 점으로서 양쪽 세계의 어느 쪽에도 편입되지 않는 중간 위치에 있으면서 두 세계에 관여하는 것이 바로 인격의 성립 조건이다.

주관의 역할이 가치론적 결정의 자동적 전달에만 그친다면, 주관은 단순히 존재론적 존재에 불과할 것이다. [그렇게 되면] 주관은 원칙적으로 나른 눌체와 같은 것이 되고 만다. 그렇지 않고 주관은 행위의 책임을 스스로 지는 데서 인격이 된다. 그러므로 인격성 일반은 존재 구조일 뿐만 아니라 가치 구조다. 인격은 그 자신이 특수한 가치 실질이다. 인격은 실체적 근본 가치이고, 도덕적 가치가 그 속성으로서 인격에 부착되어 있다. 도덕적 가치에 대한 가치 담지자일 수 있는 능력이 모든 특수한 선과 악을 넘어 인간에게는 도덕적 본질이다. 이 근본 가치가 보다 높은 도덕적 가치나 인격 가치를 가치론적으로 제약한다. 이 근본 가치는 제약하는 가치이긴 하지만, 성질상 도덕적 가치보다 낮은 (토대적인) 가치다.

당위와 목적의 연쇄

윤리적 현실에서 우리는 어디서나 가치의 목적론이 제시되는 것을 본다. 가치의 목적론은 자연계에서 인과 연쇄에 상응한다. 목적론도 하나의 연쇄이고, 현실을 결정하는 하나의 유형이다. 그러나 목적 관계는 인과 관계보다 더 복잡하고, 더 고차적인 유형이다. 목적 관계는 마땅히 존재해야만 하는 것을 실현하는 고유한 결정 유형이다.

여기서는 어떤 제한이 필요하다. 마땅히 존재해야만 하는 것의 실현은 두 개의 가지로 나뉜 결정이다. 그 분지점은 인격적 주관이다. 그 첫째 가지(일차적 결정이라 불러도 좋다)는 가치에 따른 주관의 결정이다[가치의 '이해', 가치의 느낌, 가치의 관조]. 이 결정은 이념적 존재에서 현실적인 존재로 유도되는 것이고(왜냐하면 가치를 느끼는 것은 현실적인 작용이기 때문이다), 이것은 본래 목적 결정이 아니다. 이 결정은 대체로 일반적이지만 형이상학적으로 자세하게 분석할 수 없는 유형이고, 한편으로 구조상 인식 관계와 유사하나(왜냐하면 가치관조와 일차적인 가치감정 그 자체는 일종의 '파악'이기 때문이다), 다른 한편으로는 대체로 모든 원리와 원리적 타당 영역 사이에서 성립하는 지배와 제약의 관계다.

목적적인 결정의 둘째 가지는 가치를 느끼고 의지하고 행하는 주관에서 나오는 이차적 결정이다. 이 결정은 전적으로 실재계의 범위 내에서 일어난다. 그것은 현실적 주관 속에서 외적 행위로 나타나는 것에서 다른 현실적인 것으로 확대되지만, 단지 내적 태도인 인격적 주관이 스스로 형성한 것이다.

목적적인 결정으로 남아 있는 것은 둘째 가지, 즉 가치를 관조하고 의지하고 행하는 주관에서 나오는 이차적 결정이다. 이 이차적 결정은 전적으로 실재 속에 있고, 실재 속에서 이념적인 것이 현실적인 것으로 전환될 때 이미 전제되어 있다. 이러한 이차적 결정이 목적적인 결정이다. 따라서 목적 관계가 지배하는 영역은 넓다. 인격에 대한 인격의 모든 작용은 그 자체 목적 연쇄를 그 범주적 형식으로 가지고 있다. 모든 노력, 의지, 행동, 소망, 동경, 희망, 단순한 심정 속에 숨어 있는 무언의 경향성도 모두 목적적이다.

목적 연쇄에도 인과 연쇄와 마찬가지로 한 부분이 다른 부분에 의존하는 전면적인 의존 관계와 전진적인 의존 및 질서가 있다. 그러나 이 질서 속에서 의존 관계는 자연적 사실의 구조와 전혀 다른 것이다. 인과 계열에서는 뒤에 있는 것이 앞에 있는 것에 의존해서 규정되고, 의존의 방향은 시간의 흐름에 따라 '앞으로' 나아간다. 그러나 목적 연쇄에서는 앞의 것이 뒤의 것에 의해 규정되고, 의존의 방향도 시간의 흐름에 역행하는 후진적 규정이다. 이러한 의미에서 목적 연쇄는 인과 연쇄의 역방향이다. 인과 연쇄에서 원인과 결과의 관계는 목적 연쇄에서는 목적과 수단의 관계로 변한다.

목적 연쇄에는 출발점과 종착점 사이에 3단계의 관계가 있다. (1) 주관에 의한 목적의 설정: 의식을 통해 시간 질서를 뛰어넘어 앞으로 나아간다. (2) 목적에 의한 수단의 후진적 규정: 최종 목적과 가장 가까운 수단에서 출발해 주관에 가장 가까운 최초의 현재 수단에 미친다. 이때 언제나 선행하는 수단이 후속하는 수단을 목적으로 삼고, 이에 의해 규정(또는 선택)된다. (3) 목적의 실현: 앞에서 말한 후진적 규정이 원인과 결과의 전진적 진행으로 변한다.

이 3중의 연결에서 (3)의 단계는 전적으로 세계 흐름 속에 있는 현실 과정이라는 성격을 지닌다. (2)단계의 마지막 부분은 (3)단계의 첫 부분이다. 이것은 주관이 처음으로 파악하는 수단이고, 이 수단의 파악은 주관에 달려 있다. 주관에 예정된 최종 목적의 실현이 여기서 시작된다. 목적 연쇄가 (3)단계의 층에 있는 인과 연쇄에 의존한다는 것은 전체의 목적 연쇄를 이해하기 위해 가장 중요한 것이다. 이렇게 [목적 연쇄가] 인과 연쇄에 의존해야만 하나의 실재계에서 두 개의 결정형[합목적적 결정과 인과적 결정]이 공존할 수 있다. 합목적적인 결정이 인과적 결정으로부터 아무런 저항도 받지 않고 받아들여지는 것은 목적 실현의 과정이 인과적이기 때문이다. 바꿔 말해 목적적으로 활동하는 존재가 실제로 자신의 세계에 간섭하는 것은 인과적으로 결정되는 세계에서만 가능하다. 모든 것이 우연적인 세계에서는 어떤 목적 활동도 일어나지 않는다. 왜냐하면 우연의 세계에서는 어떤 수단이 어떤 결과를 초래할지 예견할 수 없기 때문이다.

목적 연쇄에서 주관이 담당하는 역할은 현실적 존재 당위에 대해 주관이 취하는 태도와 일치한다. 이 일치는 내적 필연성에 기인한다. 가치와 무관한 목적 활동을 생각할 수 없는 것은 아니나—가치의 인도를 받지 않는 '우연적인' 목적의 실현과는 별도로—목적이 실질적으로 가치에 의해 규정되는 목적 결정 외의 방법으로 존재 당위는 실현될 수 없다. 목적 연쇄는 존재 당위를 실현하는 본질적 형식이다. 그러므로 주관의 위치가 목적 관계와 존재

당위의 실현이라는 두 개의 문제 복합에서 동일하다는 것은 쉽게 이해된다.[7)]

인간의 목적론은 어디까지나 철저히 존재론적으로 결정된 세계에 부가되는 더 높은 결정 형식에서만 가능하다. 위에서 말한 두 가지 결정 형식[목적적 결정과 인과적 결정]이 있고, 이들이 하나의 세계에서 포개져 있다는 것이 인간의 목적 활동을 성립시키는 기본 조건이다. 인간의 목적 활동은, 마치 바람이 불지 않으면 꼼짝달싹도 할 수 없지만, 바람이 불면 돛과 키를 조종해 배의 진로를 뜻대로 잡아 주는 뱃사공의 기술과도 같다. 인간은 자연의 힘을 이용할 수 있다. 이러한 자연의 힘에 대한 인간의 우월함이 목적 활동이다.

그러나 목적의 계열을 따로 떼어 놓고 본다면, 그것은 언제나 불완전한 결정에 불과하다. 인간의 예견은 그 범위가 한정되어 있을 뿐만 아니라 한정된 범위 내에서 예견은 결함투성이기 때문이다. 따라서 예견은 불확실하고,

---

7) 철학사적으로 볼 때 이러한 목적 연쇄를 자연 범주로 보는 철학 체계가 의외로 많다. 이것은 특이한 자연현상을 목적 활동적 힘의 작용으로 보고, 주관이 모든 자연에 대해 심리적 작용을 가진 것으로 유추 해석하는 신화적 사고방식에 기인한 것이다. 이 점에서 아리스토텔레스의 세계관이 비판받는다.

그 결과가 목적에 반대되는 우연적인 의외의 결과로 나오는 경우가 허다하다. 인간의 목적 활동(예견과 예정)의 한계는 우연이다. 우연적인 것은 예상하지 못했던 것을 뜻한다. 우연은 오직 인간의 목적 활동에 대해서만 성립하고, 인간 생활에서 큰 역할을 한다.

제7장 형이상학적 전망

인격의 형이상학

윤리학의 중심 개념에는 가치와 당위 외에 '인격적 존재'라는 개념이 있다. 현실적 존재 당위의 문제에서 가치가 이념적 영역을 넘어 실재의 영역에 나타나는 것은 주관의 작용에 달려 있다는 점은 이미 지적했다. 모든 현실적인 것 중에서 매개의 능력을 지닌 것은 오직 이 주관뿐이다. 의식, 인식－세계와 가치 인식('이성')－, 활동성, 의지, 자기규정, 목적 활동(여기에는 예견과 예정이 모두 포함된다) 등은 모두 주관의 매개 능력을 이루는 요소들이다.

이로써 주관이 주관 이상의 그 무엇, 즉 인격이라는 사실도 명백해진다. 주관은 이들 작용에 의해 특징지어질 뿐만 아니라 다시금 이들 작용에－오직 이들 작용에만－부가되는 특수한 가치/반가치의 성격에 의해 특징지어진다. 주관은 단지 존재론적인 존재일 뿐만 아니라 또한 가치론적인 존재다. 주관은 초월 작용,[8] 즉 그 태도에서 도

8) 여기서 초월 작용이란 이념계에서 실재계로 이행하는 것을 말한다.

덕적 가치/반가치를 부대하는 한에서 인격이 된다.

여기서 말하는 인격의 특징은 순전히 윤리 현상에서만 규정된 것이다. 그런 만큼 인격의 형이상학은 그 자체 언급 가능한 것의 본질 속에 있고, 사변적으로 덧붙여진 것이 아니다. 인격의 형이상학은 형이상학에서 최소한의 비판적 형이상학이다.

인격의 본질에 관한 문제 중에는 인격주의적 세계관, 즉 세계의 인격화를 위한 유혹이 내포되어 있다. 스토아학파의 로고스 이론을 비롯해서 고대부터 이러한 세계관이 종종 나타나고 있다. 특히 유신론에는 언제나 이러한 인격주의 요소가 포함되어 있는데, 이 점을 다루는 것은 윤리학의 범위를 벗어난다. 다만 세계 인격설이 윤리적 인격의 기초 위에 세워지는 경우, 윤리학은 그것에 대한 태도를 결정할 필요가 있다. 현대에 와서 윤리적 인격설의 큼직한 예는 가치 탐구에 위대한 공적을 세운 '셸러의 윤리학'이다.

인격과 그 작용에 관한 셸러의 학설

셸러의 학설은 인격과 작용이 불가분의 공속(共屬) 관계를 유지한다는 것, 그리고 이 양자는 의식 속에도, '자아' 속에도 있는 것이 아니고, 하물며 심리적 반성의 대상도 아니며, '체험'에 그치는 것도 아니라는 데서 출발한다. "인격은 작용의 공허한 출발점이 아니라 구체적 존재다. 인격을 떠나서 작용에 관해 말한다면, 그것은 어떤 작용의 충분하고 완전한 본질에 결코 맞지 않다." 인격은 작용들의 배후나 그 위에 있는 것이 아니라 언제나 작용 속에 들어 있고, 그 본질에서 분리될 수 없는 작용들의 존재 통일이다. 이 통일은 구체적인 것으로 '가능한 모든 종류의 작용에 대해' 성립한다. 인격은 모든 개별 작용 속에 그 수행자로서 이미 전제되어 있다. 작용들은 그 수행의 통일에서 서로 본질적으로 연결되어 있다. 분리된 개별 작용은 심리학적 추상이다. 현실에서는 그러한 작용과 수행의 분리가 일어나지 않는다. 현실적 작용은 수행(Vollzug)이다.

이러한 명제는 한편으로 사물과 구별되고, 다른 한편으로 주관과 구별되는 인격의 본질을 현상학적으로 묘사한 것이다. 물론 이로써 인격의 적극적 본질이 아직 밝혀지지는 않았다. 심리학적으로 파악되는 의식의 모든 현상, 내용, 기능은 이 [인격] 작용의 구체적 수행 통일과 부합하지 않는다. 진정한 작용이 수행에 있듯이, 인격도 수행의 통일에서만 성립한다. 따라서 인격은 어떤 내적 현상에도, 체험 속에도 있는 것이 아니다.

이로써 [인격의] 심리학적 이해에 대한 하나의 절대적 한계가 그어졌다. 인격의 심리학은 존재하지 않는다. 그리고 작용의 심리학이라는 것도 본래 없다. 회상, 기대, 희망, 사랑의 본질은 의식 현상에 입각한 반성에서 벗어나 있다. 의식이 심리학적 대상성의 영역이라면, 작용은 초의식적 존재를 지녔다고 말하지 않을 수 없다. 이 작용에 대해 심리학적 대상만을 문제로 삼는다면—작용은 이 대상성을 거부한다—, 작용 일반은 대상이 아니다. 또한 작용 일반에 대한 어떤 대상적 입장도 있을 수 없다는 명제가 타당하지 않으면 안 된다. 이 말은 모든 작용 수행의 통일인 인격에도 적용된다.

셸러는 다음과 같이 최종 결론을 내렸다. 즉, "인격은 지향적 작용의 수행 속에서만 실존하고 생활"하기 때문에, 본질적으로 대상이 아니다. 자아와 그 기능은 내면적으로 지각될 수 있으나, 인격과 그 작용은 지각될 수 없다. 이 말 속에는 심리학적 의미의 내적 지각이 여기서 문제되는 어떤 것을 알기 위한 유일한 방법이 아니라는 사실이 전제되어 있다.

그러나 이 전제는 과연 옳은 것일까? 작용과 인격이 대상으로 될 수 없다면, 윤리학은 불가능할 것이다. 왜냐하면 윤리학의 대상은 인격으로서 인간이기 때문이다. 인간의 능동적인 초월 작용(심정, 의지, 행위)은 곧 가치판단의 대상이다. 여기서는 셸러가 그 대상성을 부정한 것이 곧 대상이 된다. 행동과 행동하는 사람에 대한 평가적 태도는 어디까지나 확고한 토대에 입각한 것이고, 인간 일반에 특유한 것이다. 사실 이 태도는 심리학적 반성에 비해 훨씬 더 자연적이고 중요한 것이다. 또한 적어도 사물에 대한 태도와 마찬가지로 근원적이다. 사물에 대한 태도는 소박한 인간의 경우에는 오히려 인격에 대한 태도에 의해 제약받는다.

인격에 대한 이러한 일차적인 태도는 어디까지나 대상적이다. 인격에 대한 태도가 사물 및 사물 관계에 대한 것과 매우 다르다고 하나, 그 대상성은 다를 바 없다. 존재론적 지향과 가치론적 지향, 이론적 지향과 실천적 지향의 차이는 대상성 일반에 있다. 모든 지향은 지향된 것을 향한다. 모든 직관 또는 소여(所與)는 대상의 직관이요, 소여다. 여기서 대상이 되는 작용은 그 자체로 다시금 지향적 작용이 된다. 따라서 작용이 향하는 나름의 대상을 가진다는 것은 그 대상성을 조금도 방해하지 않는다. 작용을 지향하는 특수한 작용도 있다. 바로 이러한 작용이 있는 곳에서 '도덕적 의식' 현상도 성립한다.

윤리학과 신학

원초적이고 충분한 의미에서 인격이 될 수 있는 것은 오직 개인적 주관인 인간뿐이다. 가장 포괄적인 존재, 즉 신은 – 그러한 존재가 있다면 – 인격의 최고 지위가 아니라 오히려 최하위, 인격성의 절대적 극소가 아닐 수 없다. 바꿔 말해 절대적으로 비인격적인 존재가 아닐 수 없다. 즉, 셸러의 인격주의와는 정반대로 된다.[9)]

셸러의 인격주의는 칸트가 도덕적 토대 위에 신학적 근본 개념을 확립하려 했던 것과 마찬가지로 윤리학의 한계를 벗어난 것이다. 따라서 윤리학에서는 신을 문제 삼지 않아도 된다. 그러나 다만 그것이 가치론적 편견을 조장한다면, 문제 삼지 않을 수 없다. 고차적 인격이 있다면, 높은 가치는 그 고차의 인격에 귀속되고, 개인에게는 낮은 가치밖에 주어지지 않게 될 것이다. 실제로 셸러는 '성(聖)'을 최고 가치로 봤다. 여기에는 도덕적 신학의 배후에 신학적 도덕이 도사리고 있는 셈이다. 이로부터 도출된 결론은 도덕을 위태롭게 한다. 왜냐하면 신학적 도덕

---

9) 하르트만은 셸러가 가치와 인격 현상에 대한 현상학적 분석에 반대하지 않지만, 최고의 가치로 '성(聖, Heiligen)'의 가치와 그 담지자로 인격을 설정한 것, 인격 가치와 도덕적 가치를 동치시킨 것을 비판한다.

은 도덕적 가치의 자율성을 위협하기 때문이다. 도덕적 가치의 일차적 담지자는 오직 인간[인격]뿐이다. [이러한 인간의 입장에서 볼 때] 민족, 국가, 인류도 선 또는 악일 수 있다. 하지만 그것은 어디까지나 이차적인 의미에서 그렇다.

제2부
윤리적 가치의 영역 : 도덕 가치론

제1장 가치표에 대한 일반적 관점

가치 일반의 영역에서 도덕적 가치의 위치

가치를 다루는 것은 윤리학만이 아니다. 가치라는 말은 본래 경제학에서 온 것이다. 이러한 경제학의 입장에 가장 가까운 것은 재의 영역이다. 재에는 재물과 생명적 재, 사회적 재, 정신적 재가 있다. 그리고 정신적 재에는 도덕적 가치, 법률적 가치, 국가적 가치, 예술적 생활 가치가 있다. 그러나 가치의 세계가 이로써 충분히 설명된 것은 아니다.

도덕적 가치와 다른 가치의 차이는 앞에서 부분적으로 다루었으나, 개별 가치의 특수한 분석에 의해 다른 부분도 밝혀질 것이다. 윤리와 관련된 가치가 반드시 도덕적 가치만 있는 것이 아니라는 점은 쉽게 알 수 있다. 인간의 에토스는 도덕적 가치가 아닌 다른 많은 가치와도 관계한다. 물론 도덕적 태도는 언제나 인격에 대한 태도이지만, 동시에 가치 있는 것과 가치 없는 모든 방식과도 관계한다.

어떤 의미에서 모든 존재자는 가치의 관점에서만 보인다. 세계 속에 있는 모든 것은 윤리학의 관점에서 가치와 반가치로 구분된다. 세계는 그 전체성에서 볼 때 존재론적 현상이면서 윤리적 현상에 속한다. 세계는 사물과 물적 관계의 세계인 동시에 재(財)/화(禍)의 세계다.

도덕적 가치와 재가치 사이의 토대 관계

넓은 가치 영역을 윤리적 관찰에 끌어들이는 것은 불가피해 보인다. 도덕적 가치와 다른 모든 가치의 결합은 자의적으로 제거될 수 있는 피상적인 것이 아니라 본질적 · 내면적 · 실질적인 관계에 있다. 도덕적 가치의 실질은 이미 재가치를 전제하고, 물질과 함께 동시에 그 특수한 가치성격, 즉 작용까지도 전제한다.

예를 들어 도둑질에 관해 생각해 보자. 남의 물건을 훔칠 때 그것은 단순한 물건이 아니라 재물을 훔치는 것이다. 따라서 정직이 사람의 도덕적 가치라면, 이 가치는 반드시 재가치를 전제해야만 한다. 도덕적 가치는 재가치를 실질적인 토대로 삼는다. 마찬가지로 약자에게 편리함을 제공하는 의협심은 편리함의 가치를 토대로 삼는다. 남에게 물건을 선물하거나 남의 부담을 덜어 주는 이웃 사랑은 선물의 재가치 또는 남의 부담을 경감해 준다는 사태가치를 전제한다. 진실은 정직한 말[언어]이 남에 대해 갖는 가치를 전제한다. 그러나 작용가치는 그 전제인 재가치와 전혀 다른 것이다. 작용가치는 분명히 재가치보다 더 높은 가치다. 이 두 가치의 질이 다르다는 것은 그 크기가 재가치의 많고 적음에 따라 늘어나고 줄어드는 것이 아니라 전혀 별개의 계기에 의해 측정된다는 말이다. 그럼에도 불구하고 도덕적 가치는 재가치를 전제한다. 재가치가 없다면 작용의 도덕적 가치도 성립할 수 없다.

이와 같이 보다 넓은 실용적 가치와 보다 좁은 작용가치 사이에는 일종의 토대 관계가 성립한다. 토대 관계란 보다 높은 가치가 보다 낮은 가치에 의존하는 불가역적 의존 관계를 말한다. 그러나 이 관계는 단지 실질적 의존일 뿐이고, 결코 가치론적 의존이 아니다. 낮은 가치는 보다 높은 가치가 형성되기 위한 실질[내용]이고, 필수 조건이다. 그 밖의 다른 점에서는 높은 가치가 낮은 가치에 의존하지 않는다. 따라서 보다 높은 특수한 가치의 질, 즉 도덕적 선은 재가치에 나타나지 않고, 재가치와는 무관하다.

재가치는 단지 실질에 불과하기 때문에 재화가 주어진다 해서 곧바로 도덕적 가치가 나오는 것은 아니다. 도덕적 가치가 나오기 위해서는 그 재물의 세계에서 사람과 사람이 여러 방식으로 관계하는 것이 필요하다. 이때 도덕적 가치의 내용은 다른 종류의 가치 내용에 대해 구조적으로 새로운 것이고, 따라서 도덕적 가치의 질 그 자체도 완전히 새로운 것이다.

행위 목적과 도덕적 가치

칸트의 윤리학은 도덕적 원리의 의미를 오직 당위에서만 본다. 이것은 일반적으로 말해 오직 법칙을 위해 행하는 행위만이 도덕적 가치를 지닌다는 뜻이다. 이러한 칸트의 이른바 '엄숙주의'는 목적윤리학의 한 예에 불과하다. 목적윤리학에서는 도덕적 가치가 도덕적 행위의 최고 목적이다. 도덕적으로 착한 사람은 결국 자신의 행위 목적에서 자신의 이상적 모습을 목표로 할 것이다. 그러나 이러한 생각은 도덕적 행위에서 나오는 실제 사정과 맞지 않는다. 예를 들어 진실한 사람은 결코 자신이 진실하게 되는 것이 목적이 아니라 상대방에게 진실을 알리는 것이 목적이다. 우리의 도덕적 관심은 행위자 자신을 향하는 것이 아니라 상대방에게 가치 있는 것을 향한다. 상대방에게 가치 있는 것은 그것이 재가치를 포함하기 때문이다. 이 말은 도덕적 행위라는 의미에서 작용가치가 재가치를 토대로 해서 일어나는 것이 명백함을 뜻한다. 물론 행위는 그 목적에 의해 도덕적으로 가치 있는 것이 되지만, 그것은 목적이 행위의 도덕적 가치를 내용으로 지니는 것이 아니라 어디까지나 가치물과 인격의 특정한 관계를 내용으로 지니는 경우에만 그렇다.

행위의 목적은 사태가치이지만, 행위의 도덕적 가치는 이 사태가치보다 높은 작용가치이고, 따라서 인격가치다. 도덕적 가치 질은 인격의 태도를 규정하지, 태도를 취하는 지향 대상을 규정하는 것이 아니다. 목적윤리학의 근본 오류는 도덕적 가치와 사태가치를 동일시한 점이다.

가치들의 등급

도덕적 가치가 사태가치보다 높다는 것은 가치에 (높고 낮음의) 등급이 있음을 전제로 한 것이다. 그러나 등급의 문제가 단지 참된 도덕적 가치인 인격가치와 작용가치에 대해 (사태가치를 포함한) 재가치가 갖는 총체적 관계라면, 그 결정은 비교적 쉬울 것이다. 그러나 여기서 문제가 되는 등급은 윤리적 가치 영역 전반에 걸쳐 조직되어 있고, 사물과 사태 사이에도 있으며, 인격 내지 인격의 태도에도 있다. 이러한 가치의 등급을 확립하기 위해서는 정확한 가치 분석이 선행되어야만 한다.

먼저 모든 가치인식은 그것이 가치들 상호 관계에서 인식되지 않는다면, 추상적인 것에 불과하다. 가치인식에서 우리가 할 일은 가치와 가치를 비교해서 우리의 태도를 결정하는 것이다. 우리의 가치의식에는 가치의 높이에 대한 의식이 직접 결부되어 있다. 따라서 가치감정이라는 것도 따지고 보면 결국 가치 등급의 감정에 지나지 않는다. 인간의 의욕은 본래 반가치적인 것을 향할 수 없다. 여기서 "사람은 악을 위해 일부러 악을 행하지 않고, 언제든지 선한 것만 염원한다"는 소크라테스 윤리학의 의의도 살아난다. 하지만 인간은 약한 자이기 때문에 그 정서로 인해 악에 빠진다는 그리스도교적 윤리학도 사실이다. 소크라테스도, 그리스도교도 공통적으로 가치 있는 것만을 구하는 것이 인간의 본성이라고 말하는데, 그렇다면 인간은 어떻게 악에 빠지는 것일까? 이에 대한 대답은, 정서에 예속된 의지가 가치를 구하지만, 보다 낮은 가치를 구할 따름이라는 것이다. 이 말은 정서에 얽매인 의지가 낮은 재가치를 향한다는 뜻이고, 이와 같이 낮은 가치를 구하는 것이 도덕적으로 잘못된 일이라는 점이다. 악의 문제에서 가치의 등급은 중요한 계기가 된다.

도덕적 가치를 선택하는 가치의식은 필연적으로 가치 등급의 의식이 아닐 수 없다. 사정이 이렇다 보면, 도덕적 갈등의 배후에는 가치와 반가치의 대립이 아니라 가치와 가치의 대립이 있는 것이 분명하다. 갈등은 적극적인 두 가치의 대립이고, 두 가치가 모순되는 것이 아니라 실제로 행동할 때 어느 한쪽을 택하지 않으면 안 되기 때문에 의지결정상 모순 대립으로 다룰 수밖에 없는 것이다. 여기서 우리가 할 수 있는 일은 다만 어느 한쪽을 선취(先取, Vorziehen)[10)]하는 것이다. 이 선취야말로 가치등급의 의식 작용이다. 어떤 가치가 높고 낮은지 그 의미는 가치감정에서 어렵지 않게 이해된다. 그러나 이것을 개념적으로 설명하기란 거의 불가능하다. 그 이유는 가치의 높고 낮음이 독특한 차원을 이루고 있기 때문이다.

가치의 다차원성

가치의 높고 낮음 외에 가치 세계에는 '포섭 관계'와 '강약 관계'도 있다. 가치의 높고 낮음이 가치의 등급의식이라면, 포섭 관계는 함께 포섭되는 가치들의 동위(同位)를 전제한 것이다. 이것은 가치 범주의 내포가 다름에 따라 생겨나는 가치의 구별이다. 이에 반해 강약 관계는 가치판단을 규정하는 힘의 관점인데, 어떤 의미에서 가치의 고저(高低)와 강약(强弱)은 정반대의 관계에 있다. 이렇게 가치의 고저와 강약이 반대 관계를 이룬다는 점을 우리는

---

10) 이 용어는 셸러와 하르트만의 가치윤리학에서 매우 중요한 개념이면서 이해하기 어려운 말이다. 말뜻 그대로 하면 앞으로 끌어당긴다는 의미인데, 가치윤리학에서는 특이하게 '가치선호의식(價値選好意識)', '가치우월감(價値優越感)'을 나타내기 위해 사용한다.

다음과 같은 사실에서 쉽게 확신할 수 있다. 즉 낮은 가치를 범하는 것은 높은 가치를 범하는 것보다 죄가 더 무겁다. 그러나 높은 가치를 이행하는 것은 낮은 가치를 이행하는 것보다 도덕적으로 가치가 높다. 예를 들어 살인은 가장 중대한 범죄이지만, 타인의 생명을 존중하는 것이 최고의 덕은 아니다. 이러한 가치의 고저, 포섭, 강약 관계야말로 가치의 다차원성을 나타내는 징표다.

가치 높이를 나타내는 기준에 대한 문제

셸러는 가치의 고저를 인식하는 기준으로 다음과 같이 다섯 가지를 들고 있다. 초시간성, 불가분할성, 토대 관계, 만족의 깊이, 절대성이 그것이다. 이 기준에 의거해 가치 등급을 정할 때에는 극히 대체적인 윤곽만을 그릴 수 있을 뿐이다. 어쨌든 부분적이지만 가치의 고저 관계가 주어진다는 것은 어떤 일관된 가치등급이 있다는 것을 입증하는 셈이다. 이 등급은 가치의 본질에서 분리시킬 수도, 인간이 마음대로 변경할 수도 없다.

이 가치의 높고 낮음을 보여 주는 작용의 근본 형식이 '선취'다. 선취 작용은 능동적 의지 결정뿐만 아니라 모든 가치판단과 가치태도에서도 생겨난다. 선취는 가치에 관한 판단 작용이 아니라 직접적인 가치의식 자체에 들어 있는 일차적 작용이다. 가치응답, 가치술어에서의 모든 구별은 이 작용에 기인한다. 말하자면 모든 가치감정에는 이미 선취 작용이 들어 있다.

최고 가치의 문제

선취 작용에 의해 우리는 보다 높은 가치의 존재를 알게 된다. 이와 같이 가치의 세계가 고저 관계를 이루고 있다는 것은 '최고 가치'가 있다는 사실을 필연적으로 전제한다. 이른바 플라톤의 '선의 이데아'가 그것이다. 이렇듯 선이 도덕의 중심 가치라는 점에는 누구나 동의할 것이다. 그렇지만 가치의 세계에서는 이 선의 원리만큼 은폐된 것도 없다. 모든 도덕에서 선은 자명한 것으로 간주되지만, 어디서나 다르게 이해되고 있는 것이 현실 아닌가?

그렇다면 최고 가치의 문제가 지닌 의의는 어디에 있을까? 이 물음은 단순히 철학적 체계의 문제가 아니라 실천을 위한 유일한 지배의 원리라는 점에서 중요하게 받아들여진다. 하지만 이러한 최고 가치에 의한 통일 없이도 윤리학의 조직적 연관을 이룰 수 있다고 하면, 문제는 달라진다. 여기서 직관되는 최후의 것은 유일한 지배의 원리가 아니라 원리들의 성층 관계다. 성층 관계란 하나의 존재 범주에 속한다. 존재 범주에서 각 원리는 각기 자립적이면서 다른 원리를 제약한다. 다른 특별한 이유가 없는 한, 우리는 가치의 세계에서도 똑같이 기대할 수 있다. 가치의 세계에서는 어떤 것을 전제하거나 연역해서도 안 된다. 우리는 오직 가치의식의 현상에만 따라야 한다. 그리하여 포괄적인 가치의 통일이란 기껏해야 가치관조의 마지막 단계에서 얻어질지 모른다.

제2장 가장 보편적인 가치대립

가치의 이율배반

가치와 당위의 본질 분석에서 이미 나온 일군의 가치가 있다. 이들은 관조 가능한 다른 가치군에 비해 요소성과 보편성에서는 우월하나 내용이 빈약한 최저 가치들이다. 이들 가치군의 특징은 가치와 반가치가 대립한다는 데 있지 않고, 가치와 가치가 대립한다는 데 있다. 물론 이 대립에 상응하는 반가치가 없는 것은 아니나, 여기서는 종속적인 역할만 할 뿐이다. 이 가치군의 특징은 또한 적극적인 것과 소극적인 것의 관계 외에 적극적인 것과 적극적인 것의 대립이 있다는 점이다. 적극적인 가치의 대립은 물론 다른 곳에서도 파악되지만, 이 가치군에서는 이들 대립이 전면에 나서 적극적인 가치대립을 보여 준다.

가치의 대립은 반드시 모순적인 것이 아니다. 그러나 가치와 가치는 서로 모순되지 않더라도, 사정에 따라 한쪽이 충족되면 다른 쪽이 손상을 입는 수가 있다. 그럴 적에 가치는 서로 실행적 모순을 가져온다. 예를 들어 관대하기 위해 정의를 실현하지 않는 사람은 사랑에 우선권을 주어 정의에 손상을 입히게 된다. 그런데 정의와 사랑은 본질적으로 서로 배척하는 것이 아니지만, 사정에 따른 가치 대립의 관계에서 어쩔 수 없이 갈등을 부추긴다.

가치의 양상에서 대립: 필연과 자유

우리는 당위의 양상 분석에서 당위존재—따라서 가치—의 존재 방식에는 필연성의 양상이 포함된다는 점을 지적했다. 이것은 존재론적 필연성과 달리, 가능성과 무관하다. 가치가 현실적 존재/비존재와 무관하다는 사실이 바로 이 점에서 성립한다. 이 필연성은 '절대적으로'(글자 그대로 '분리되어') 자기 자신 외에는 어떤 것에도 속박되어 있지 않은 자유로운 것이다.

절대적 필연성은 그것이 가치성격에 속하는 한, 그 자신이 하나의 가치다. 가치의 이념적 존재에 대해 다른 종류의 존재자를 초월한다는 것, 상대적인 것에서 풀려나 있음, 존재와 비존재를 넘어 존립하는 불가침성 등은 모두 이 필연성이 부여한 가치들이다.

도덕적 감정은 이 불가침의 힘 앞에 엎드려 이 힘을 최고의 존경 대상으로 흠모하고, 이 힘에 관여하는 것을 최고의 자랑으로 삼는다. 칸트는 당위의 절대적 필연성에 대한 가치감정을 가지고 '의무'를 찬양했고, '도덕법칙에 대한 존경'을 이성적 존재자의 둘도 없는 특권으로 생각했다. 칸트가 말하는 이성적 존재자를 '가치를 관조하는 자'라고 해석한다면, 그의 표현은 적절한 것이다. 이러한 의미에서 가장 근원적인 가치로서 가치 자체의 당위존재 속에는 필연성이 정당하게 존립한다. 이 점은 인간의 가치의식이 아직 관조되지 않은 가치를 찾고 바라보는 것에서 증명된다. 인간의 가치의식이란 언제나 새롭고 보다 높은 절대적 필연성의 가치를 바라보는 것이다.

필연성의 가치에 반대되는 것이 자유의 가치다. 이 자유의 가치도, 절대적인 필연성을 지닌 가치도 모두 동일한 존재[인격]에 주어진다. 이 존재는 가치감정을 통해 자유의 가치와 필연성의 가치 모두와 관계한다. 즉 인격은 이 필연성을 알고 있더라도 필연성에 의해 강제되지 않는다[이것이 인격의 자유다]. 이러한 인격의 자유는 '필연성의 자유'가 아니라 필연성에 의존한다. 이 필연성이 가능성과 결부되어 있다면, 그것은 존재론적 필연성과 다름없다. 인격은 자연법칙에 의해 강제되듯이, 가치의 필연성에 의해 강제될 것이다. 그렇게 되면 필연성에 관여한다는 것이 조금도 숭고한 일이 되지 못할 것이다. 따라서 당위존재에 의한 강제력이 없다는 것[자유]이 하나의 가치이고, 더욱이 이 가치는 도덕적 존재를 구성하는 근본 가치다.

가치의 관계에서 대립

가치의 담지자 그 자체에는 이미 가치성격이 부착되어 있다. 가치의 담지자는 자신이 부대하는 가치를 가치 있게 하는 조건이다. 가치 담지자의 가치성격은 가치를 지닌 현실적인 것의 가치에서 나온다. 그런데 가치를 부대하는 것은 둘로 나뉜다. 지향된 가치와 지향하는 가치가 그것인데, 여기서는 각기 그 담지자가 다르다. 지향된 가치는 객관에 부착되어 있고, 지향하는 가치는 주관에 붙어 있다. 여기서 주관과 객관의 가치대립이 나오는데, 이 대립 자체는 주관과 객관이 모두 가치의 담지자이지만, 서로 다른 가치를 부대하기 때문에 생겨나는 것이다. 이 대립은 충돌 외에 다른 것이 아니다. 이 충돌은 동일한 것이 두 가지 의미에서 가치의 담지자가 될 때, 다시 말해 주관과 객관이 가치의 담지자로서 서로 접촉할 때 생겨난다.

이렇게 해서 충돌이 일어나면, 주관은 실재의 위치 대신에 도덕적 가치를 취한다. 주관은 가치의 담지자로서 근본 가치를 지닌다. 그런데 이 근본 가치는 동시에 사태가치의 실질과도 관계한다. 왜냐하면 사태가치는 사물가치에 대한 인격의 관여를 그 내용으로 삼기 때문이다. 그것은 마치 우리가 선행을 베풀면, 선행이 '누구'를 향해 베풀어지는 것과 같다. 그리하여 인격적 주관은 처음부터 지향 가능한 대상(사태)의 가치내용에 관여하고, 이러한 방식으로 스스로 지향 대상이 된다.

질적 · 양적 가치대립

가치의 보편성이란 하나의 가치가 가능한 가치 담지자 모두에게 타당한 것을 말한다. 하지만 이러한 의미에서 보편성이 모든 가치에 대해 성립하는 것은 아니다. 재가치와 사태가치는 매우 특이해서 오직 한 경우에만 보편성을 지니는 것처럼 보인다[개별성]. 어떤 사물이나 관계에 부착된 정신적 가치, 예를 들어 내가 자란 집, 고향, 기념물 등의 가치가 이에 해당한다. 이 특수한 체험의 내용을 이루는 것은 특별한 체험 자체의 가치나 상황 가치다.

인격가치의 영역에서도 마찬가지로 가치의 개별화가 강조된다. 인격은 대체될 수 없는, 말하자면 존재론적으로 일회적이고 유일한 것이다. 이와 같이 개별적인 가치내용과 개인적인 가치가 있다. 여기서 특이한 것은 가치세계에서 재현되는 보편성과 단일성이라는 범주적 방식이 다시금 가치대립의 성격을 띤다는 점이다. 이 대립에서 양측은 모두 가치가 있다. 더욱이 이 가치대립은 '양적'이라기보다 '질적' 대립이다. 가치의 강조점이 외연에 있는 것이 아니라 내용에 있고, 건수의 많고 적음에 있는 것이 아니라 일치/불일치에 있다는 말이다.

이러한 의미에서 보편성의 가치는 질적이다. 여기서 가치 있음은 동질성 그 자체이고, 공통된 성질이고, 특징의 동일성을 말한다. 법의 이념이 그 본보기다. 법의 이념은 모든 사람이 법 앞에서 가지는 동일성의 가치다. 공동의 요구, 의무, 부담 등은 우리의 일차적인 도덕적 요구다. 사람은 서로 다르지만, 어떤 관계에서는 모두가 동일하지 않으면 안 된다. 경험적 차이를 초월한 가치표준의 동일은 그 자체로 가치 있는 것이다.

칸트의 정언명법은 이러한 [보편적] 가치이념을 형식적으로 표현한 것이다.

제3장 내용적으로 제약하는 근본 가치

가치군의 보편적 성격

가치세계는 내용적으로 보면 다양한 실질적 연관이고, 어느 차원에서도 중단 없는 연속체다. 그러나 우리에게 보이는 것은 개별 가치군이고, 그 사이에는 넓은 공백이 있다. 우리가 가치를 보는 눈이 좁아서 그럴 수밖에 없다. 각 가치군에는 서로 입장이 다른 가치가 있다. 따라서 가장 먼저 우리 눈에 띄는 것도 이 가치의 이질성이다.

내용적으로 제약하는 일군의 근본 가치가 그것이다. 이 새로운 가치군은 2장에서 말한 가치대립에 비해 실질적 내용 면에서 훨씬 더 풍부하다. 2장에서 가치대립은 내용이 없는 형식뿐이어서 이해하기 어려웠는데, 이 가치군은 누구나 쉽게 가치로 인정할 수 있는 내용을 지니고 있다. 2장에서 가치대립은 가치와 당위의 관계를 범주적으로 분석하는 것에서 분명해졌다. 그러나 내용적으로 제약하는 근본 가치는 주관의 분석에서 분명해진다. 이때 주관은 현실세계에서 적절한 존재 당위를 파악해 이것을 실재하는 것으로 바꿔 놓을 수 있고, 따라서 이념적 가치 영역과 현실적 존재 영역을 매개한다. 주관이 가치 있다는 것은 가치의 매개자 입장에서 볼 때 분명하다. 주관의 특징은 필연적으로 가치의 실질이 되지 않으면 안 된다는 점이다. 이 주관이 유일한 도덕적 가치의 담지자인 인격적 주관이다. 따라서 주관의 본질 속에 있는 가치 요소가 모든 도덕적 가치에 대해 내용적으로 제약하는 근본 가치를 이룬다는 것은 분명하다. 도덕적 가치는 주관의 본질적 성질에 기인하며, 따라서 제약하는 근본 가치는 이미 실현된 행위에 부착되어 있다. 바로 이러한 의미에서 인격의 본질적 성질이 지닌 근본 가치는 도덕적 가치의 출현을 '내용적으로 제약'한다. 동시에 같은 이유에서 이 근본 가치는 구체적이고 풍부한 내용으로 채워져서 반성을 거치지 않고 직접 직관될 수 있다. 왜냐하면 인격적 주관의 본질은 그 윤리적 구성 요소들 자체에서 구체적으로 직관되기 때문이다.

이 가치군의 특징은 가치와 가치가 대립하는 것이 아니라 가치와 반가치가 대립한다는 점이다. 여기서 적극적 대립이란 없다. 설사 있다 하더라도 이율배반적 성격을 띠는 것이 아니다. 따라서 여기서 나타나는 가치들은 일방적인 가치계열을 이룬다. 이 차원의 가치는 양극단 사이에서 한편은 긍정적이고, 다른 한편은 부정적이다. 따라서 가치와 반가치를 연결하는 선은 소극적 가치에서 영

점을 지나 적극적 가치로 향하는 일의적 상승선을 그린다. 이 가치/반가치 가 갈등 없이 연결되는 일의적 관계는 모든 재가치, 사태가치, 인격가치에 고유한 것이다.

인격적 주관 자체에 부가되는 이 근본 가치군(이것을 제1가치군이라 한다) 외에 또한 도덕적 가치를 내용적으로 제약하지만 의미가 다른, 말하자면 실질적 토대가 되는 제2가치군이 있다. 이 제2가치군은 인격적 주관에 부가되고 인격적 주관의 분석에서 파악되는 것이 아니며, '가치담지자의 이율배반'이라는 의미에서 제1가치군과 구별된다.[11)]

주관에 부가되는 가치토대

제2계열의 가장 근본적인 가치는 생명가치다. 여기서 말하는 생명가치란 모든 생물 자체의 형태가치와 존재가치를 의미하는 것이 아니라 다만 주관 내지 도덕적 존재자와 가치의 담지자, 즉 인격의 존재론적 기초가 되는 한에서 생명의 가치를 말한다. 인격적 존재자는 오직 생명을 토대로 해서, 다시 말해 유기체를 바탕으로 해서만 존립한

11) 제1가치군이 인격적 주관에 부가된 가치들이라면, 제2가치군은 대상이 지닌 가치들이다.

다. 정신적이고 도덕적으로 고양되는 발전은 모두 이를 지탱하는 생명의 발전에 의해 제약된다. 정신적 · 도덕적 능력은 생명과 더불어 흥망을 같이한다. 이러한 의미에서 인간의 생명은 고유한 자기가치다. 생명가치의 반가치는 죽음이다.

인간의 경우에 생물적 가치 위에 초생물적 가치가 주어진다. 이것은 의식에서 시작된다. 의식은 세계의 거울이다. 세계를 비추는 범위가 넓을수록 의식은 더욱더 그 사명을 다하게 된다. 실재하는 존재는 의식의 빛을 받음으로써 그 의미를 얻는다. 의식은 정신적 존재의 기초다. 따라서 의식의 가치는 윤리적 가치를 포함해서 모든 정신적 가치의 토대가 된다.

생명에서 의식이 솟아오르듯이, 의식에서 인간의 도덕적 본질인 인격이 나온다. 인격이 고유한 자기가치라는 사실은 아무도 부정하지 못할 것이다. 인격의 구조는 복잡하고, 인격을 구성하는 요소들은 모두 각자의 가치성격을 지니고 있다. 따라서 인격의 가치도 복잡하고, 이 복잡한 가치를 분석할 필요가 있다. 다음 여섯 가지는 인격의 주요 요소들이고, 그중에서도 마지막인 목적 활동이 이 모두를 총괄한다.

인격의 첫째 요소는 '활동'이다. 활동에 대한 반가치는 타성이다. 타성은 활동 없음 내지 수동을 의미하고, 침체와 정체를 나타낸다. 이것은 한마디로 가치와 목적에 대한 무관심을 가리킨다. 이에 반해 활동은 '발랄한 도덕심'을 의미한다.

[둘째 요소는 고난이다.] 활동과 대립하는 가치가 고난이다. 고난도 가치다. 고난이 어째서 가치냐고 반문할지 모르겠다. 실제로 불행을 견뎌 낼 능력이 없는 사람에게 고난은 반가치일 것이다. 그러나 그것을 견뎌 낼 만큼 충분히 강한 사람은 고난을 통해 스스로 강해진다. 이로써 그의 인간성과 덕성이 증대된다. 이러한 사람에게는 고난도 가치다. 고난은 도덕적 능력의 시련이지만, 깊은 도덕적 능력을 일깨워 주는 촉매제 구실을 한다. 고난은 인간의 활동을 증대시킬 뿐만 아니라 인간의 도덕적 감정과 이해를 심화시킨다. 우리는 고난을 통해 나 자신뿐만 아니라 남의 마음 깊이도 안다. 아니 인생 일반의 깊이를 안다.

[셋째 요소는 힘이다.] 윤리적 힘은 반드시 활동과 일치하지 않는다. 수동적인 것도 강할 수 있다. 고집과 보존, 수고의 배후에는 힘이 있다. 의지와 결단에서 힘의 독특한 가치가 가장 잘 드러난다. 의지가 약하면 아무리 잘 이끌어 주고 건설적인 경향성 속에 있다 하더라도 도덕적 가치는 적다. 어떤 어려움에도 굴하지 않고 꺾이지 않는 강

한 의지는 목적에 관계없이 가치 있다. 같은 맥락에서 심정의 힘도 나오고, 사랑과 미움의 힘, 신념의 힘, 믿음의 힘도 나온다.

[넷째 요소는 의지 자유다.] 가치에 포함된 존재 당위는 한갓 요청일 뿐이고, 강제력이 없다. 가치에 따를 것이냐 아니냐는 전적으로 인간의 주관에 맡겨져 있다. 주관에 맡겨진 이 선택의 자유는 소극적 의미에서 '자유'다. 적극적 의미에서 자유는 '결단력'이다. 인간이 가치를 느끼고, 가치를 위해 자기를 걸고, 가치를 실재의 세계로 옮겨 놓는 것은 자신의 인격적 주관의 본질이다. 그러므로 활동과 힘의 가치에 대해 인격의 도덕적 자기규정으로서 의지 자유의 가치가 새롭게 요구된다. 이렇게 우리에게 자유의 요구가 있다는 사실은 책임의식에서 가장 잘 나타난다. 우리에게는 죗값을 반드시 치러야 한다는 의식이 있다. 우리에게 이러한 의식이 없다는 것은 도덕적 무력함, 즉 자유의 능력이 없음을 나타낸다.

[다섯째 요소는 예견이다.] 인간은 현실 속에서만 사는 것이 아니라 미래 속에서도 산다. 아니, 미래는 인간만이 가진 유일한 것이다. 과거는 변경할 수 없다. 현재도 변경할 수 없다. 인간의 힘으로 좌우할 수 있는 영역은 미래뿐이다. 인간의 예견이 미래를 개시한다. 생각 속에서 우리

는 미래로 앞질러 가서 그 위에 가려진 베일을 벗긴다. 그러나 이러한 예견은 극히 제한적이다. 이 제한된 한계 내에서 예견의 가치는 대단한 것이다. 우리는 미래를 산출하는 제약들의 그물을 찾아 일정한 방향으로 그 진행을 예측할 수 있다.

[여섯째 요소는 목적 활동이다.] 자유와 예견에 더해서 인격을 완성하는 것은 인간의 목적 활동이다. 목적 활동은 위에서 말한 요소들의 종결이요, 그 가치성격의 정점이다. 실제로 목적 활동의 힘을 알고 있는 것은 인간뿐이다. 목적 활동의 가치는 다음과 같은 세 가지 목적 연쇄, ① 목적을 세우는 능력, ② 목적을 실현할 수단을 발견하고 사용하는 능력, ③ 이 수단을 가지고 현실적인 실현 과정을 목표에 도달하도록 견인하는 능력으로 이루어져 있다. 세계 속에서 인간이 차지하는 특수한 지위는 맹목적인 사상들의 흐름 속에서 이 세 종류의 힘이 발휘됨으로써 획득된다. 인간은 이러한 목적 활동에 의해 내적인 의지 자유뿐만 아니라 외적인 운동의 자유와 작용의 자유까지 얻는다.

목적 활동은 인간에게 제2의 신성이다. 인간의 활동은 자신이 내면적으로 예정한 것을 실현한다는 점에서 다른 작용들과 차이가 난다. 인간이 자연 과정을 자신의 목적 활동 속으로 끌어들이는 한에서 자연 과정은 가치와 결부된다. 이것을 가능하도록 하는 것이 '예견'이다. 인간은 예견을 통해 가치세계와 현실세계의 매개자로서 형이상학적 역할을 수행한다. 그렇게 함으로써 인간은 동시에 도덕적 가치의 담지자가 된다. 왜냐하면 선악의 성질은 이러한 목적적인 결정을 통해 이루어지는 작용에 부대되기 때문이다.

재가치

고대인에게는 재가치 외에 윤리적 가치가 따로 없었다. 덕을 '최고의 재'로 간주한 것도 이 때문이다. 이러한 생각은 늘 통속적 도덕 속에 들어 있었고, 근대의 많은 학설들(예를 들어 슐라이어마허)에서도 각광받았다. 그러나 칸트의 의무윤리학은 반대 극단에 있다. 칸트에게는 심정의 의지만이 선이나 악일 수 있다. 재는 윤리적 가치가 아니다.

그러나 위의 두 견해는 모두 극단적이다. 재는 물건과 사태의 가치에 속하고, 이들 가치는 모두 추구할 만한 가치로서 작용가치의 토대가 된다. 물건가치나 사태가치는 그 자체 도덕적 가치가 아니지만, 도덕적으로 중요한 가치다. 인간이 이 가치들을 다루는 태도는 도덕적 선악의 영역에 속한다. 따라서 이 가치들은 비록 이차적인 가치일망정 윤리학의 가치표에서 당당히 한 자리를 차지할 권리를 지니고 있다.

재가치는 객관, 존재, 환경에 부대되는 가치다. 주관이 처해 있는 (생명, 의식, 작용 등이 있는) 일반적인 현존재 상황은 하나의 가치를 가지는데, 분명한 것은 이 가치가 주관의 생활에 유익한 모든 것과 함께한다는 점이다. 그러나 이 가치는 주관에 의해 가치로 느껴지거나 느껴지지 않거나, 느껴진다면 얼마나 느껴지는지에 상관없이 존립한다. 이 가치의 실질은 자연적 생활 조건인 토지, 물, 공기, 빛에서 시작해서 특수한 영양, 행복의 원천이 되는 모두를 망라한다. 이 주어진 현존재의 근본 가치는 일종의 가치체계를 형성한다. 잠시라도 인간에게서 이 근본적인 자연적 재화 가운데 하나가 없어진다면, 평상시에 느끼지 못했던 가치성격을 뼈저리게 의식하게 될 것이다.

재가치에 속하는 것은 무수히 많지만, 그중에서 가장 통속적인 것은 '행복'이다.

제4장 도덕적 근본 가치

도덕적 가치 일반에 관해

지금 우리가 발을 들여놓은 진정한 도덕적 가치세계는 이미 지적한 것처럼 작용가치와 인격가치의 세계다. 그러나 이들 가치 담지자의 구별은 아직 도덕적 가치를 특징짓기에 불충분하다. 활동, 힘, 수난의 능력도 작용가치이고, 따라서 인격가치다. 자유, 예견, 목적 활동에 대해서도 똑같이 말할 수 있다. 뿐만 아니라 인격의 미적 작용가치도 있다. 그 밖에도 많은 작용가치가 있을 것이다. 그러나 이 모든 가치들이 도덕적 가치와 밀접한 관계가 있다 하더라도, 그 자체는 도덕적 가치가 아니다. 도덕적인 선악은 여기서 말하는 작용가치와는 조금 다르다.

재가치와 도덕적 가치의 가장 중요한 구별은 도덕적 가치가 자유와 관계한다는 점이다. 자유로운 사람이 자기 태도에서 보여 주는 가치 또는 반가치는 그 사람의 책임이고, 이것이 곧 인격의 도덕적 가치 또는 반가치다. 선악을 판단할 수 있는 능력이 있는 사람은 자유로운 인격[적 주관]뿐이다. 자유에 관계한다는 것을 의식적인 결단이나 의도에 국한할 필요는 없다. 도덕적 태도들 중에는 이러한 작용의 계기가 전혀 나타나지 않는 경우도 허다하다. 자유가 작용한다는 것은 누군가 이리 행동하거나 저리 행동할 수 있다는 피상적 고찰에서 인식되는 것이 아니라 아무리 사소한 행동일지라도 그 행동이 그 책임의 소재를 밝히는 가치판단이나 가치감정에서 인식되는 것을 말한다. 물론 인간의 행동에서 결정적인 것은 그때마다 의식적 결정에 달려 있는 것이 아니라 틀림없이 우리의 비교적 일정한 도덕적 근본 태도에 달려 있다. 따라서 책임이나 공적은 전적으로 이 도덕적 태도에 달려 있다.

선

선이 도덕적 근본 가치라는 사실에 관해서는 이론의 여지가 없을 것이다. '좋음(善, gut)'은 '도덕적으로 가치 있음(sittlich wertvoll)'과 같은 말이다.

종래에 도덕은 선을 이미 알려져 있는 그 무엇인 것처럼 다루었다. 선을 일정한 특수 가치라고 생각했고, 이 특수 가치를 유일한 최고 가치로 보았다. 그러나 선을 쾌락으로 보는가, 행복, 아니면 정의, 사랑으로 보는가에 따라 도덕의 유형이 달라진다. 이렇게 유형이 다르다는 것 자체가 어떤 것도 유일하게 '좋은 것'이 아니라는 증거다. 플라톤처럼 이 한정된 내용에 대해 '선의 이데아'를 설정해서 이것을 모든 덕 위에 두면 도리어 선의 내용을 정할 수 없게 된다. 이데아는 어디까지나 공허한 것이기 때문에 그렇다. 라이프니츠의 '완전' 개념은 목적에 근접했으나, 이 역시도 선의 내용이 풍부하다는 것을 표시하기에는 역부족이었다. 선을 '근본 가치'라고 생각하면, 선은 내용적으로 제약하는 가치들, 예를 들어 활동, 자유, 목적 활동 등의 가치와 병렬해 있게 된다. 그러나 이 병렬은 왜곡된 것이다. 왜냐하면 이 경우에는 도덕적 가치의 성격이 상실될 뿐만 아니라 이들 가치는 서로 제약하는, 다시 말해 서로 요구하고 서로 전제하는 것이 되기 때문이다. 선은 유일무이한 것이어서 이러한 병렬을 허용하지 않는다. 물론 선의 내용이 되는 가치의 계기들은 서로 관계하고 있기 때문에, 선은 가치의 모든 체계를 포함할 수 있다.

엄밀히 말해 모든 가치는 정의될 수 없고, 우리는 기껏해야 가치의 실질을 아는 것이 고작이다. 특수한 가치성격 자체와 가치의 질은 언제나 생생한 가치감정에서만 느낄 수 있다. 그러나 가치감정은 특수한 내용에 대해 특수하게 '반응'한다. 따라서 가치실질은 간접적으로 가치의 질을 확정짓는다. 그러나 선은 이렇게 간접적으로 규정될 수 없다. 하물며 그 실질을 제시하는 것은 더욱 불가능하다.[12)]

무엇보다도 선의 다의성에서 역사적으로 많은 오해가 빚어졌다는 사실을 상기해 볼 필요가 있다. 선은 '그 무엇에 좋은 것', 즉 유용한 것(수단 가치)이 아니다. 이러한 잘못을 공리주의가 범했다. 또한 선은 '어떤 사람을 위해 좋은 것'이 아니다. 즉, 선은 재가 아니다. 이 잘못은 행복주의가 범했다. 스토아학파의 근본 오류는 선을 '최고선'으로 이해한 것이다. 이것은 도덕적 가치를 근본적으로 오해한 것이다. 최고선은 비교적인 것이지만, 도덕적 선은 비교적인 것이 아니고 절대적으로 [선한] 적극적 가치다. 도덕적 선은 보다 높은 것도 아니고, 최고의 것도 아니다. 선은 어떤 이상적인 극단까지 올라갈 수 있는 능력을 지닌 그 무엇 자체다.

선은 '주관에 부착된 인격의 근본 가치'와는 다른 의미에서 자기가치다. 이들 근본 가치도 대부분 작용가치이지만, 선은 '작용의 등에 업혀' 나타나는 최고의 가치다. 이것은 심정의 가치다.

종종 도덕적 가치를 생명가치와 대조해 보는 일이 있는데, 이것은 도덕적 가치의 높이를 과소평가한 것이다.

---

12) 이와 같이 선을 그 실질(예를 들어 쾌락, 행복, 공리 등)을 열거함으로써 정의하고자 할 때 필연적으로 범하는 오류가 무어(G. Moore)의 '자연주의적 오류(naturalistic fallacy)'다.

선을 직접적이고 실질적으로 정의할 수 없다면, 다른 가치들에 대한 관계를 분석하는 것에서 단서를 포착하는 길밖에 없다. 이를 위해서는 제약하는 작용가치의 계열을 돌이켜 보는 것이 지름길이다. 제약하는 작용가치의 정점은 목적 활동이다. 목적 활동의 능력이 있는 사람의 가치에 대한 태도만이 오직 그 자체로 선 또는 악이다. 지향된 사태가치 속에, 지향의 범주적 형식 속에 실질적인 선악의 본질이 있는 것이 아니라 오직 사태가치에 대한 지향 관계 속에서만 선악의 본질이 나타난다. 선을 내용적으로 충분히 정의할 수 없는 이유가 여기에 있다. 선의 정의는 가치의 실질적 다양성, 작용의 범주적 다양성을 전제하기 때문이다.

선과 도덕적 가치를 작용가치라고 말하는 것은 옳지만, 이 작용가치에는 두 가지 의미가 들어 있다. 활동, 힘, 자유, 목적 활동도 작용가치다. 그러나 선은 이들과는 다른 의미에서 작용가치다. 선은 작용 자체에 부가되는 것이 아니라 작용이 특정한 질을 지니는 한에서만 비로소 부가된다. 이 질은 가치지향을 의미한다. 선과 모든 도덕적 가치는 작용의 지향가치이지, 작용 그 자체의 가치가 아니다. 지향의 질은 그 내용, 즉 지향된 가치에 부착되어 있다. 그렇지만 선은 작용이 지향하는 가치가 아니다. 지향된 가치는 어디까지나 사태가치이고, 이 사태가치는 어떤 힘으로도 그 질이 다른 것이 되게 할 수 없다. 선을 지향 작용에서 지향 대상으로 옮겨 놓을 수는 없다. 그러나 거꾸로 지향 대상에서 지향 작용으로 선을 옮겨 놓을 수는 있다. 다시 말해 지향 대상의 가치가 선이라는 지향 작용의 가치를 제약한다. 그렇다고 해서 지향 대상의 가치가 곧 도덕적 선은 아니다.

목적 활동이라는 지향 작용의 가치는 가치를 지향하는 그 성격에 매여 있다. '가치의 목적론'이라는 말은 지향 작용의 가치를 의미하는 것이 아니라 지향 대상의 가치를 의미한다. 따라서 가치의 목적론이라는 이 표현은 지향 작용의 가치를 실질적으로 규정하는 말이다. 가치를 지향하는 작용은 가치를 향한 작용의 지향 가치인 선의 실질(내용)이 된다. 그런데 지향 대상인 가치의 실질과 작용가치인 선의 실질은 비교적 무관하다. 타인의 행복을 조성하는 지향 작용의 가치가 선이지, 타인의 행복이 '선'인 것은 아니다.

고귀(das Edle)

고귀는 선처럼 보편적인 것도 아니고, 내용도 전혀 다르다. 선을 높이거나 특수화한 것도 아닌, 특이하고 새로운 것이다. 고귀의 반대는 비천(das Gemeine)이다. 비천은 악과 다른 것이고, 악과 같은 뜻으로 비난되는 것도 아니며, 다만 저급한 것으로 경멸당할 뿐이다. 선에도 비천한 것이 있을 수 있고, 반대로 악도 어떤 의미에서는 고귀한 것일 수 있다.

고귀와 비천은 반드시 도덕적 가치군에만 속하는 것이 아니다. 이 점이 선악과 다르다. 고귀와 비천은 가치세계 전체에 관해 말해진다. 예를 들어 귀금속이니, 품위 있는 아름다운 자태니 하는 말이 그것이다. 어떤 가치가 순수하게 나타난다면, 그것은 고귀하다고 말하고, 불순물, 뒤틀린 형태는 비천하다고 말한다. 이 점은 생물의 세계에서 가장 분명하게 나타난다. 셸러는 고귀를 순전히 생명가치라고 봤을 뿐만 아니라 생명세계의 근본 가치라고 봤다[그러나 이것은 편협한 생각이다. 고귀는 귀금속처럼 무생물에도, 성처녀처럼 정신적 가치의 영역에도 나타나기 때문이다].

고귀는 가치 일반에 대한 방향과 가치의 등급에 대한 관계를 선과 더불어 분유(分有)한다. 고귀는 대체로 모든 점에서 선을 전제한다. 그러나 고귀에는 다시금 특수한 선택의 관점이 첨가된다. 모든 사람에게 공통적인 도덕적 요구는 고귀의 관점에서는 이차적인 것이다. 왜냐하면 고귀는 내용적으로 선과 다르고, 선을 능가하는 별개의 존재 당위를 바라보고 있기 때문이다. 따라서 고귀의 목적은 가치 일반에 있는 것이 아니고 단지 특정한 가치에 있다. 더욱이 고귀는 주어진 상황에서 보다 높은 가치를 구하는 것이 아니라 주어진 가치들 중에서 특수하게 새로운 우선의 관점에 따라 가치를 선택하는 것이다. 고귀는 비범한 가치를 희구한다.

이와 같이 고귀는 특수한 것을 제거하는 배타성을 지닌다. 이러한 의미에서 고귀는 다수의 인격에 대해서나 다양한 가치들에 대해 선택하는 것을 의미한다. 그것은 가치에 의한 개인의 선택인 동시에, 가치세계의 내부에서 우선하는 가치에 의한 선택이다. 이 두 종류의 선택은 서로 밀접하게 관련되어 있다. 가치선택 없는 개인의 선택은 무의미하다. 그것은 잘못된 자부심이고, 허영이다. 개인의 선택 없는 가치선택은 인생에서 무력하고, 반가치적이며, 헛된 망상이다. 참으로 고귀한 것에는 최고의 의무가 따른다. 그러나 아무리 고귀한 것이라도 방향을 같이하는 몇몇 사람의 굳은 연대를 통해 관철하지 못한다면, 그것은 수포로 돌아가고 만다. 고귀에는 항상 힘의 가치가 들어 있다. 힘없는 고귀는 무익한 유희에 불과하다.

고귀의 가치는 인간의 자기 발전을 우연에 맡기지 않

고 예견하면서 자기 발전의 목표를 정하는 힘과 동시에 이 목표를 관철하도록 예정하는 보다 큰 힘을 가지고 있다. 고귀한 사람은 누구나 타협을 싫어한다. 현명하고 유익한 타협이라도 그는 달가워하지 않는다. 고귀는 다른 가치를 희생해서라도 구하고 싶은 가치를 순수하게 이르는 말이다.

충만(die Fülle)

선의 가치군에는 선과 고귀 외에도 충만과 순결의 가치가 있다. 충만과 순결은 훨씬 더 특수하고 내용적인 규정성을 지니고 있지만, 아직 본래적인 덕가치가 아니다. 선이나 고귀와 마찬가지로 이들도 덕가치의 전제가 된다.

충만과 순결이라는 두 근본 가치에서 주의해야 할 점은 양자 사이에 나타나는 적극적 가치대립이다. 이 점에서 보면 충만과 순결은 매우 좁은 가치군을 이룬다는 것을 쉽게 알 수 있다. 충만과 고귀 사이에도 똑같은 대립 관계가 성립한다. 이 2중의 대립에서 충만은 고귀와 순결의 중간에 위치한다. 그러나 선에 대한 관계에서는 이들 3자가 모두 원칙적으로 같다.

고귀의 장점은 우선하는 가치에 한정된다는 점이고, 단점은 일면적이라는 점이다. 이에 대해 충만은 다양한 가치 경향들을 종합한다. 이러한 충만의 관점에서는 최고의 목표가 어떤 노력을 하나로 통일하는 것이 아니라 여러 방면에서 나오는 노력들을 지향하고, 모든 것을 이해하고 허용하면서 생활을 윤리적으로 운용하는 가치참여라는 이상적 다면성을 지향하는 것이다. 동시에 충만의 가치는 인격가치의 풍부한 내용과 가치 있는 모든 것을 존중한다는 의미에서 아량을 베푸는 것, 가치의식의 적극적 확대 등을 포함한다. 충만의 반대는 도덕적 편협과 옹색함, 가치에 참여하고 평가하는 데 무능함, 가치에 눈이 어두운 단조로운 생활, 푸짐한 가치에 대한 몰이해와 악평, 품성의 빈곤과 위축 등이다.

풍만한 객관적 가치는 그 자체 언제든지 사람들에게 새로운 종합을 요구한다. 이러한 의미에서 충만의 원리는 인격의 윤리적 내용과 구체적인 생활 형태 자체의 원리가 된다.[13] 가치의 씨앗은 도처에 있고, 이 가치이 씨앗은 사람들이 가치를 알아주고 붙잡아 주고 가꾸어 주기를 바란다. 그러나 인간 생활에는 풍만한 가치를 거부하는 것이 일상적인 현상이 되고 있다. 이러한 상황에서는 에토스

13) 이러한 충만의 원리는 윤리 외적 영역, 예를 들어 미적 영역에서도 그대로 통용된다.

그 자체의 종합적 통일이 요구되고, 따라서 충만의 원리는 인간을 도덕적으로 완성시켜 가는 도덕적 존재자에게 속하는 존재의 근본 제약이 된다.

충만한 품성은 모든 것을 용납할 만큼 폭넓은 마음을 전제로 한다. 이러한 정신적 관용은 도덕적 갈등 해소에 특히 중요하다. 도덕적 갈등은 마음의 깊이와 가치의 풍부함을 개시한다. 인간은 도덕적 갈등에서-그리고 갈등 속에 들어섰을 때-비로소 가치의 풍부함을 알게 된다. 이 점에서 갈등은 적극적이고 중요한 의미를 지닌다. 갈등을 회피하는 것은 도덕적 편협이다.

충만한 품성은 생활을 내면적으로 바로잡으면서 생활 속에서 위대한 것을 획득하려는 경향을 띠고 있다. 이러한 사람의 감정은 가치가 전면적으로 충만해 있음에 대한 존경이고, 무진장한 가치에 대해 감사하는 마음이다. 이러한 태도를 가진 사람에게 편협한 체험은 모두 천박, 우둔, 삶의 낭비로 비춰진다. 그리고 삶의 낭비가 자의적인 생활 태도로 변질되면, 비열한 체념, 졸렬한 비관주의, 도덕적 배은망덕이 나올 수밖에 없다.

순결(die Reinheit)

순결의 가치는 충만의 가치보다 훨씬 더 선에 가깝다.

순결에서 선 일반의 의의를 파악하려는 사람도 종종 있을 정도다. 특히 도덕을 종교적으로 생각하는 사람이 선을 그렇게 보지만, 그것은 지나친 생각이다. 순결의 반대, 예를 들어 죄, 얼룩, 때 등이 악인 것처럼 순결은 당연히 선이다. 그러나 순결은 선보다 훨씬 편협하고 질적으로도 다른 것이다. 선은 순전히 적극적인 것이지만, 순결은 그 지향 내용으로 보아 소극적인 것, 즉 악에 물들지 않은 것을 가리킨다. 여기서 가치의 목적 내지 보다 높은 가치를 향한 목적 활동 대신에 비가치, 그중에서도 특히 비열한 근본적인 비가치의 비목적성이 나타난다. 순결한 사람은 어떤 욕구에도 끌리지 않고, 어떤 유혹에도 빠지지 않는다. 따라서 순결의 에토스는 비가치 일반을 배척하는 지향 작용에서 성립한다.

마음의 순결은 그리스도교의 근본적인 덕이다. 그리스도교에서 정신의 풍요는 화(禍)이고, 마음이 가난한 사람이 축복을 받는다. 지복(至福)은 어린아이의 에토스다. 죄인이 동경하는 천국이 그것이다. 사람이 과연 그러한 순진무구함으로 돌아갈 수 있을지 없을지는 차치하더라도, 이러한 후회의 윤리가 의미심장한 것만은 확실하다. 순결이 근본 가치라는 말은 틀린 것이 아니다. 그리스도교는 이웃 사랑의 명령보다 이 순결이라는 가치의 관조에 의해 새로운 길을 갈 수 있었다. 고대 윤리학은 그리스도교적 의미의 순결 가치를 알지 못했을 뿐만 아니라 의식적으로 부정했다. 예를 들어 아리스토텔레스는 어린아이에게는 행복의 능력이 없다고 말했다. 그가 말하는 이른바 행복이 덕의 총체, 도덕적 완성을 의미하는데도 말이다.

순결한 사람은 솔직하게 행동한다. 왜냐하면 순결한 사람은 숨겨야 할 것이 전혀 없기 때문이다. 또한 순결한 사람에게는 왜곡이나 불신이 없다. 따라서 순결한 사람은 인간이 선하다고 믿고, 올바르고 좋은 것을 신뢰하는 낙천적 성격을 지니고 있다. 곧게 행동하고 비열하게 본심을 숨기지 않는 것은 행동의 순결이고, 애매한 말, 비꼬는 말을 하지 않고 본심을 속이지 않는 것은 말의 순결이다. 그리고 위장된 동기나 저의가 없고 솔직한 실질성과 객관성을 존중하는 것은 사상의 순결이다.

제5장 특수한 도덕적 가치: 제1군

덕 일반에 관해

도덕적 근본 가치에 관해 말한 것은 특수한 도덕적 가치, 즉 덕가치에 대해서도 적용된다. 덕가치란 여러 가지 인간적 태도의 가치를 말한다. 그런데 인간적 태도는 각종 사정에 연루되어 있기 때문에 덕가치는 필연적으로 여러 종류로 분화된다. 모든 덕에 공통된 것은 특정한 사태에 관계하는 선을 덕 자체의 가치성격으로 파악한다는 점이다. 따라서 도덕적 가치는 사태가치를 토대로 한다는 것, 즉 도덕적 가치는 가치 있는 사태를 지향하는 작용에 부가되는 것이지만, 도덕적 가치의 가치성격은 사태가치와 무관하다는 명제가 여기서도 적용된다.

덕가치의 완전한 표는 도덕적 세계를 남김없이 섭렵한 후에나 겨우 주어질 것이다. 하지만 이것은 실현될 수 없는 과제다. 우리가 할 수 있는 일은 각 시대의 가치의식을 어느 정도 파악할 수 있는 자료를 모으는 것뿐이다.

역사적으로 보면, 덕은 다음과 같이 세 군으로 구별된다. 이들 각 군을 매개할 중간 항은 없다. 1군과 2군에는 각기 근본 가치(정의, 이웃 사랑)가 있어 다른 가치들이 그 주위에 모여든다. 전자는 주로 고대의 에토스와 일치하고, 후자는 그리스도교의 에토스와 일치한다. 양자는 모두 완전무결하게 열거할 수 없을 정도로 풍부한 내용을 지니고 있다. 여기서는 덕의 완전성이 문제가 아니라 그 질적 다양성과 대립성, 이로부터 생겨나는 가치관계(보충관계, 가치갈등 등)가 문제가 되고, 가치서열은 문제가 되지 않는다. 따라서 1군과 2군에 속하는 덕가치들을 개별적으로 규명한다는 것은 현실적으로 어렵다. 우리가 할 일은 다만 관조되고 지적되는 범위 내에서 개별적인 덕이 지닌 가치성격을 밝히는 일뿐이다. 우리의 관찰이 정밀해질수록 가치세계의 전체적 성격도 밝혀질 것이다. [3군에는 인간사랑, 증여의 덕, 인격과 인격적 사랑이 속한다. 이들은 모두 사랑을 주제화하고 있지만, 역사적으로 밀접하게 하나의 가치군으로 파악된 적이 없었다.]

정의

정의의 본질은[14] 권리와 의무가 본래 동등하다는 평등의 이념이다. 이 평등의 이념은 공동생활의 근본 조건이

---

14) 플라톤은 국가 생활에 필요한 네 개의 주덕(主德)을 정의, 지혜, 용기, 절제라 보면서 정의가 지혜, 용기, 절제를 포섭하는 덕의 체계를 주창했다.

된다.

이 원리는 내용 면에서 여러 가지 의미가 있다. 고대인에게는 '동등한 사람에게 동등하게 대우하는 것'을 의미했다(반대로 '동등하지 않은 사람에게는 동등하지 않게 대우하는 것'이 평등이다). 이 요구는 그리스도교의 영향을 받아 확장되어 중세에는 '만인에 대해 동일한 권리'를 의미하게 되었다. 이것은 사람의 성격이나 기질, 사회적 지위가 다르더라도 법 앞에서 만인은 평등하다는 것을 의미한다. 이 평등의 이념은 엄밀한 이념적인 요구에 불과하다. 왜냐하면 이 이념은 경험적 차별을 무시하지 않고, 모든 생활의 관계에서 적용되는 것도 아니며, 다만 인간성 일반의 기본적이고 특수한 권리를 목표로 할 뿐이기 때문이다.

플라톤의 윤리학에서는 정의가 최고의 도덕적 가치로 인정되고 있으나, 각종 도덕적 가치가 도처에서 발견되고 있는 오늘날, 정의는 플라톤의 윤리학 체계가 뒤집힌 덕가치 중에서 최고의 것이 아니라 최저의 것이 된다. 따라서 정의의 존재 당위는 최대한의 도덕적 요청이 아니라 최소한의 요청이다. 인간의 태도에 대한 정의의 요구는 순전히 소극적인 것, 즉 부정한 짓을 하지 말라, 타인의 권리를 침해하지 말라, 타인의 자유를 짓밟지 말라, 타인의 소유를 손상하지 말라 등이다. 이러한 요구는 모세 10계명에서도 발견된다. 즉 살인하지 말라, 도둑질하지 말라, 간음하지 말라, 위증하지 말라, 남의 물건을 탐내지 말라 등의 금지가 그것이다. 여기서 문제 되는 것은 저급한 기본적인 재, 즉 생명, 재산, 가족 등의 보호다. 이로써 정의가 다해진다면, 정의는 재가치를 지키기 위한 수단 가치에 지나지 않을 것이다.

그러나 정의의 본질은 이로써 다해지는 것이 아니다. 우선 재가치의 배후에는 도덕적으로 적극적인 것, 즉 인격의 자유라는 영역이 숨어 있다. 정의는 이 [사태가치로서] 자유를 존중하는 것을 목표로 한다. 하지만 이보다 훨씬 더 중요한 것이 있다. 정의는 법과 그 객관적인 질서 내지 이 법질서를 추구하는 사람의 심정까지도 보호해야 한다. 이것은 저급한 재가치를 위한 것이 아니라 보다 높은 가치나 법질서와 직접 관계가 없는 최고 가치까지도 보호하기 위한 것이다. 보다 높은 정신적 문화가치는 신체, 생명, 재산, 개인적 행동의 자유가 확보되어야만 비로소 번성할 수 있다. 따라서 정의는 현실적으로 보다 높은 가치가 활동하기 위한 자유의 여지를 제공한다. 이러한 근본 조건이 충족될 때 비로소 고상한 도덕 생활이 시작된다. 정의는 이 조건의 실현을 향한 도덕적 경향성이다. 정의는 모든 덕가치의 선구자이며, 합법성은 모든 인륜성의 전개에 선행하는 최소한의 도덕성이다.

지혜

지혜는 인생에서 가치 있는 것을 아는 실천적 감각이다.

지혜의 심정가치는 자기와 타인의 인생 일반에 대한 섬세한 윤리적 미각이다. 그리스어 sophia는 라틴어 sapientia로 번역되는데, 그 어원은 sapere(맛보다)다. 이 관계는 지혜의 덕이 인생의 맛을 아는 일종의 정신적 미각이라는 점을 말해 준다. 인생에서 슬기로움은 값진 것을 모두 가려내고 평가하고 긍정하는 태도에서 성립한다. 이것은 한갓 이론적인 지식과는 다른 것이다. 지혜로움은 가치를 구별하는 섬세하고 미묘하며 도야된 취미이고, 가치감정이 체험에 수반되는 자발적 가치응답에 이르기까지 생활 속에 침투되어 있음, 가치관여적인 실천적 의식의 근본 태도와 시점이 자신의 모든 윤리적 존재를 관통해 있음을 말한다.

'너 자신을 알라'는 소크라테스의 명제는 이러한 태도가 거둔 최초의 수확이다. 이것은 자기 자신에 대한 성실한 반성을 특징으로 한다. 여기서 '덕은 지'라는 소크라테스의 명제가 시인된다. 그러나 어떤 선의 앎이라도 그것은 아직 선이 되기에는 부족하다. 왜냐하면 앎이 선으로 되는 데는 다시금 의지, 결단, 행동력, 극기 등이 필요하고, 이것은 자기반성에 의해 알려지기 때문이다.

지혜로운 사람(현인)의 상(像, image)은 현실의 다양한 가치 충만에 가슴을 열고 모든 것을 즐겁게 받아들이는 낙천적 태도에서 성립한다. 지혜로운 사람은 모든 것을 알라고 하지, 결코 모든 것을 다 알았다고 자처하지 않는다. 지혜로운 사람은 언제나 타인의 인격에 대해서도 관심을 기울이고, 그에게서 무엇이든 배우려고 한다. 지혜로운 사람은 지식인이 아니라 이해하려고 애쓰는 사람이다. 그리하여 자신과 다른 사람을 폭넓게 이해하는 지혜로운 사람은 다른 사람을 구제하고 해방하고 축복해 주는 정신적 벗이요, 영혼의 구원자이며, 윤리적 지도자이고, 교육자다. 다른 사람의 인생을 지도한다는 것은 그의 요구를 들어주는 것이 아니라 그 사람이 미처 알지 못한 자기의 가치를 스스로 깨닫도록 일깨워 주는 데 있다.

용기

지혜가 인생을 지도하는 가치라면, 용기는 그 실행 가치다. 지혜가 일반적으로 충만 가치를 지향한다면, 용기는 힘, 자유, 활동, 인내 등의 능력에서 성립한다. 용기가 밖으로 표현되는 현저한 현상은 위험한 사태에 마주하여 생명을 걸 수 있는 '사나이다움'에서 찾아볼 수 있다. 한 민족이 성장해 온 분투노력의 시대에는 용기가 중심 덕목이었다.

용기의 도덕적 가치는 처음부터 '극기'의 성격을 띤다. 극기는 다시금 헌신과 희생의 능력으로 승화된다. 역설적이지만 이러한 용감성과 실행력은 이에 저항하는 힘이 강할수록 더욱 커진다. 진정한 용기의 가치는 장애나 모험, 위험이 크다고 해서 약화되는 것이 아니라 도리어 강화된다. 부담이 증가할수록 새로운 도덕적 활력도 솟구치는 법이다.

일반적으로 용기에는 위험이 따르기 마련이지만, 모험은 실제로 일어날 결과뿐만 아니라 그 도덕적 책임까지도 져야 한다. 이 책임은 인격이 무엇을 감행하느냐에 따라 달라진다. 여기에 거는 것은 자신의 신체와 생명에 국한되지 않고, 타인의 안녕, 행복, 운명일 수도 있다. 그럴 때에는 자기 자신에 대한 자유결정 대신에 타인에 대한 자유결정이 나타난다. 여기서 용기는 책임을 지고 책무를 다한다는 의지 실행의 도덕적 의미를 얻게 된다. 더욱이 사태가 한 사람을 지도적 위치에 올려놓는 것이라면, 이 실행 의지를 책임지는 능력과 책임을 각오하는 기능으로 봐야 할 것이다.

도덕적 생활은 일종의 모험이고, 따라서 용기를 필요로 한다. 여기에는 어떤 일을 감행하는 용기 외에 자신의 소신과 의견, 진실을 말하고, 자신의 심정이나 사상을 고백하는 용기도 필요하다. 뿐만 아니라 자기 자신과 자신의 감정을 위한 용기, 인격성을 위한 용기, 위대한 감정을 위한 용기, 사랑을 위한 용기, 파란 많은 정념 등도 있다. 생활, 체험, 경험, 심지어 행복을 위한 용기도 있다. 그리하여 단지 관여하기만 하는 지혜의 덕도 용기라는 보조적 덕에 의지하지 않을 수 없게 된다.

절제

절제는 마음의 내면을 통제하는 것에서 성립한다. 본능, 충동, 격정, 정열 등과 같은 파토스적 요소는 로고스적 요소와 함께 인간의 내면세계를 형성하는 중요한 실질 내용이다. 이 자연적인 요소는 인간에게서 억제되어야 할 것이 아니라 조화롭게 육성되어야만 한다.

감정에는 어느 한 가지가 다른 모든 것을 밀어내고 독점하려는 경향이 있다. 다양한 감정이 통일된 방향을 결여하고 불안정한 갈등 상태에 빠지지 않고 조화로운 평형을 유지하도록 하는 자기통제에 절제의 윤리적 가치가 있다. 그것은 불균형하게 갈등하는 감정 요소에 질서와 의미를 부여한다. 그리하여 절제는 모든 정서 생활이 항상 절도에 맞도록 해 준다.

절제라는 덕의 특징은 고도의 학습과 자기형성, 따라서 교육이 가능하다는 점이다. 왜냐하면 절제의 덕은 그 자체로 주도력이 없는 자연적 소질을 통제하는 자주력에서 성립하기 때문이다. 이 자주력은 훈련을 통해 육성될 수 있다.

절제는 여러 가지 덕가치 중에서 가장 낮은 것이며, 인간이 자기 자신에게 제기할 수 있는 최소한의 요구다. 이를 토대로 비로소 보다 높은 도덕적 과제가 성립한다. 토대는 낮은 곳에 있다. 낮은 곳에 있다는 말은 얻기 쉽다거나 누구나 갖고 있다는 뜻이 아니다.

절제는 자기와 대결해서 자기를 이겨 내야 하는 '극기'를 뜻한다. 고대에는 극기가 지혜, 용기와 밀접한 관계를 가지고 있었고, 그래서 극기를 '도덕 일반'으로 아는 오류를 범하기 쉬웠다. 이것은 정의나 용기만을 도덕으로 아는 일면적인 견해와 다름없이 오류다.

절제에는 물론 인간의 성격을 형성해 줄 수 있는 면이 있다. 여기에 도덕교육의 과제도 있다. 그러나 극기 훈련만으로는 자주적인 의지 지도의 능력을 배양하기가 어렵다. 왜냐하면 의지는 성질이 적극적이고 내용이 고차적인 것이어서 단순한 억제의 한계 내에 머물지 않기 때문이다. 따라서 교육은 인간의 성격 형성을 위한 기초 작업이고, 인간이 지닌 저급한 능력을 훈련하는 것은 보다 고상한 도덕적 성질을 발휘하기 위한 전제 조건에 지나지 않는다.

아리스토텔레스의 덕(중용)

아리스토텔레스는 덕을 지나침과 모자람이 없는 양극단의 '중용'이라고 보았다. 예를 들어 절제는 방종과 무감동의 중용이고, 용기는 비겁과 만용의 중용이다. 정의는 부정을 저지르는 것과 부정을 당하는 것의 중용이고, 절약은 인색과 낭비의 중용이며, 관대는 성급함과 무기력함의 중용이다.

이렇게 중간이라는 뜻을 지닌 중용의 참뜻을 아리스토텔레스는 다음과 같이 설명한다. "덕은 본질 규정을 표명하는 로고스와 존재의 관점에서 보면 중용이다. 그러나 최선과 선 일반이라는 관점에서 보면 덕은 하나의 극단이다." 이 설명에 따르면 덕은 두 가지 관점에서 나타난다. 즉 인간의 행위라는 실질적 존재의 측면에서 볼 때, 덕은 지나침과 모자람이라는 존재론적 · 수평적 차원의 중간에서 성립한다. 그러나 이념적 구조에 관한 평가의 측면에서 보면 덕은 가치/반가치라는 가치론적 · 수직적 차원의 정점에서 성립한다. 말하자면 덕은 존재론적으로는 중간에 위치하고, 가치론적으로는 정점에 위치한다.

중용의 의미는 절제의 덕에서 가장 강하게 드러난다. 여기서 절제의 본질은 도(度)를 넘지 말라는 것이다. 키니코스학파와 스토아학파의 감정 근절이라는 도덕에 반대하고, 쾌락가치와 재가치에 대해 둔감한 것을 도덕적으로 가치가 적다고 본 것은 아리스토텔레스의 공적이다. 이로써 아리스토텔레스는 모든 종류의 금욕주의에 대해 한계를 그었다.

제6장 특수한 도덕적 가치: 제2군

이웃 사랑(근인애)

성경에서 말하는 이웃 사랑(아가페)은 일반적인 사랑이 아니다. 이데아를 향한 플라톤의 에로스도 아니고, 아리스토텔레스의 인격적 우애(필리아)도 아니며, 스토아학파의 박애(아가페시스)도 아니다. 이웃 사랑은 일차적으로 이웃, 즉 타인을 향한 마음의 지향이고, 더욱이 적극적이고 긍정적인 지향이다. 마음의 중심이 자기로부터 타인으로 옮겨진다. '사랑'이라는 말은 오해를 불러일으키기 쉽다. 왜냐하면 사랑은 감정 방향을 강조한 말이고, 그 핵심은 심정이나 지향에 있으며, 결국은 행위에 있기 때문이다. 사랑은 내적으로 타인에게 접근해 가는 것이 중요하다. 이러한 내면적 접근은 타인을 인격으로 대하며, 타인을 자기와 똑같이 위하는 것이다.[15)]

이웃 사랑의 가치를 정확하게 규정하려면, 고대의 주

---

15) 이러한 의미에서 사랑은 '이타주의'와 상당히 근접해 있는데, 이웃 사랑은 단순히 이타주의를 나타내는 것이 아니다. 이타주의란 이기주의의 습성인 자기 위주의 존재를 타인 위주의 존재로 돌려놓는 것이지만, 이웃 사랑은 이러한 이타적 정신 위에 '자기희생'을 더한 것이다.

덕인 정의와 비교해 보아야 한다. 정의도 역시 타인을 대하는 태도에서 성립한다. 그러나 정의는 단지 타인의 정당한 권리에 대한 존중일 뿐이고, 그 사람 전체와 상관하는 것이 아니다. 이에 반해 이웃 사랑은 권리나 공적, 품위에 대한 고려 없이 인간 그 자체와 관계한다. 이러한 대조는 '응보(nemesis)'와의 관계에서도 나타난다. 응보는 타인의 기쁨이나 슬픔을 그 사람의 공적에 따라 긍정하거나 부정하는 것이지만, 이웃 사랑은 타인의 모든 행복을 긍정하고 기뻐하며, 전적으로 타인의 불행을 부정하고 방어하려고 한다.

정의에는 원만한 인간 생활이 안중에 없다. 왜냐하면 정의는 개인의 소우주에 전혀 개의치 않기 때문이다. 정의는 개인의 사정을 봐주지 않는다. 개인의 사정을 고려하는 심판관은 공정하지 못하다. 옛날 정의의 여신은 눈을 감고, 손에는 저울과 칼을 들고 있었다. 정의는 맹목저이고, 공정하게 저울질하며, 엄하게 심판한다. 이웃 사랑은 모든 것을 다채로운 생활 상황에서 이해하는 눈으로 본다. 이웃 사랑은 심판자의 태도가 아니라 심정에서 우러나오는 태도로 타인을 본다.

이웃 사랑에서 이웃은 우선 가난한 사람, 곤경에 빠진 사람이다. 그래서 이웃 사랑은 '동정(Mitleid)'을 수반하는 현상처럼 보인다. 이러한 오해에서 쇼펜하우어는 '동정의 윤리'를 세웠다. 니체는 여기서 한 걸음 더 나아가 이웃 사랑을 비난했다. 그러나 이웃 사랑의 핵심은 동정이 아니다. 그것은 타인을 타인으로서 긍정하는 감정이요, 노력이다. 동정을 받는 것은 인간의 빈궁함이고, 병약함이다. 그러나 사랑은 이런 것을 지향하지 않는다. 사랑은 본질적으로 가치 있는 것을 지향하지, 비가치를 지향하지 않는다. 이웃 사랑은 타인의 가치에 대한 생생한 가치감정이고, 인간성 전체를 지향한다. 사랑받을 가치가 있는 것은 적극적으로 생활하려는 능력과 살 가치를 지닌 인간 자체다. 이웃 사랑이 가난과 곤궁을 향하는 것은 가난과 곤궁이 자유로운 인간의 삶을 압박하기 때문이다. 사랑의 근본 경향은 남이 슬퍼할 때 같이 슬퍼하듯이, 타인의 주어진 상태에 대해 반응하는 것이 아니라 자발적이고 근원적으로 타인의 인격과 그의 모든 관심사를 자신의 인격 및 자신의 관심사와 같은 가치 영역에서 보는 것이다[이에 반해 동정은 어떤 사람이 당하고 있는 상태에 대한 반응이다].

이웃 사랑은 자아가 타아의 체험, 감정, 심지어 도덕적 존재에 대해 관여하는 것이고, 이 관여가 없었더라면 영원히 분리되어 있을지도 모를 두 세계, 즉 자아와 타아를 매개하는 윤리적 소통이다. 이러한 소통을 이루는 것은 이론적 인식이 아니다. 그것은 누구나 본래 알고 있었던 것을 타인에게서 재인식하는 것, 일종의 정서적 회상, 즉 따라 느끼고(Nachfühlen), 함께 느끼고(Mitfühlen), 함께 체험하는(Miterleben) 것이다.

우리는 이웃 사랑에서 도덕적 가치, 즉 순수한 심정가치의 자립성을 명백하게 볼 수 있다. 사랑은 재가치나 사태가치에 토대를 둔다. 이웃 사랑이 지향하고 창조하는 것은 두말할 것도 없이 모두 사태가치다. 이웃 사랑의 경향은 어디까지나 타인을 위한 재가치의 획득에 있다. 이웃 사랑의 목표도 타인으로 하여금 재가치를 소유하고 이용하게 하는 데 있다. 지향 작용의 가치는 재화의 가치에 의해 제약된다. 제약한다는 것은 다만 토대가 된다는 말이다. 사랑이 지향하는 작용가치는 단지 질적으로 보다 높은 별개의 가치일 뿐이고, 재가치의 높이와는 아무 관계가 없다. 도덕적 가치는 재의 많고 적음에 의존하는 것이 아니라 사랑의 크기에 의존하고, 타인을 향한 지향의 강도에 의존한다. 이기심을 떠난 정도, 사심을 극복하고 자기를 초월하는 정도가 이웃 사랑을 측정하는 기준이다.

진실과 정직

진리(Wahrhaftigkeit)와 진실(Aufrichtigkeit)은 같은 것이 아니다. 양자가 모두 가치이지만, 진실만이 도덕적 가치다. 진리는 사상과 존재의 일치이고, 진실은 말과 사상의 일치다. 사상과 존재의 일치는 인간의 자유의지와 관계가 없다. 따라서 진리에는 도덕적 가치가 없다.

진실한 말은 타인을 위해 좋은 것이고, 경우에 따라 매우 고귀한 것이다. 그렇기 때문에 진실의 심정가치는 이웃 사랑의 한 특수한 사례라고 생각된다. 실제로 거짓말에는 사랑이 없다. 진실은 인간을 도덕적으로 완전하게 해 주는 중요한 부분이다. 진실과 정직 속에는 또한 순결의 계기가 들어 있다. 거짓말은 일종의 더러움이다. 거짓말은 자신의 인격을 낮추는 것이고, 부끄러워해야 하는 것이다. 거짓말을 하는 것은 일종의 배신이다. 거기에는 비겁의 요소도 들어 있다. 왜냐하면 진실을 말하려면 '진리를 향한 용기'가 필요하기 때문이다. 이러한 점에서 진실과 이웃 사랑은 차이가 난다. 사랑하는 사람이 반드시 진실한 사람은 아니다. 사랑 때문에 거짓말을 할 수도 있다. 반대로 사랑 없는 진실도 있을 수 있다.

특수한 도덕적 요구를 지닌 진실의 가치는 '예외'를 허용하지 않는다. 이른바 '방편적 거짓말'은 적어도 진실가치라는 의미에서 반가치다. 어떤 목적도 의식적으로 하는 거짓말을 신성화하지 않는다. 방편적 거짓말이라 할지라도 거짓말은 도덕적 과실이고, 정직만이 도덕적 가치를 지닌다.

성실과 충실

가치성격상으로 성실과 진실은 유사해 보인다. 양자는 모두 그 사람을 어느 정도로 신뢰할 수 있느냐와 관련 있다. 그러나 실제로는 양자가 다르다. 진실은 말과 사실의 일치를 말하지만, 성실은 말과 행동의 일치를 말한다. 양자는 모두 인격에 의한 일치를 보증해 준다. 다만 진실은 실제로 확실한 현실적 사태가 말을 보증해 주고, 성실은 확실한 말이 가치의 아직 일어나지 않은 미래 사정을 보증해 준다. 진실에서 사태가치는 증언의 확실성이고, 성실에서 사태가치는 장래의 행위와 그 실현, 또는 미래 존재 일반의 확실성이다. 따라서 저 확실성을 보증해 주는 양자의 도덕적 가치는 서로 다르다.

공적 · 사적 사회생활에서 각종 관계와 질서는 대체로 계약에 기인한다. 따라서 오직 성실한 사람만이 이러한 관계와 질서 속에서, 다시 말해 공동체 속에서 생활할 자격이 있다. 성실은 약속할 수 있는 자격이고, 나아가 자기 자신을 보증하는 도덕적 힘이다.

충실은 약속이나 계약을 지키는 것에만 국한되지 않는다. 그 통용 범위는 생각보다 넓다. 아무 말 없이 성립하는 의무도 있다. 서로 믿고 사는 긴밀한 인간관계는 분명히 체결된 계약을 토대로 한다. 그러나 적어도 다른 사람의 입장에서 생각해 본다면 누구나 다른 사람들도 다양한 권리를 가지고 있다는 것을 말없이 인정하게 될 것이다. 이것이 충실이다. 충실은 사람의 심정에도 영향을 미친다. 불순하고 경박한 심정은 경솔한 약속과 마찬가지로 사람을 속인다. 이러한 심정의 변화는 그 자체가 이미 불충실한 것이다. 충실한 사람은 심정을 변화시키지 않음으로써 인간으로서 자기 자신의 윤리적 동일성을 보증한다.

신뢰와 신용

진실은 자기 말을 믿어 주는 사람에게만 가치 있고, 성실은 자기를 신뢰하는 사람에게만 가치 있다. 반대로 신뢰와 신용도 상대방에게 진실과 성실이 있을 때에만 의미를 가진다. 물론 신용과 신뢰는 진실과 성실의 가치와 근본적으로 다르다. 그러나 타인에게 이미 진실과 성실이 있을 때, 이 진실과 성실에 관계하는 하나의 새로운 독특한 가치(보조 가치)가 신용과 신뢰다.

사람을 경솔하게 믿거나 제멋대로 신뢰했다가 실수를 하는 경우가 허다하다. 그렇다고 남을 지나치게 의심만 하는 것도 도덕적으로 큰 결함이 아닐 수 없다. 사람을 의심하다 보면 아무리 진실하고 성실한 사람일지라도 그를 경시하게 된다. 사람을 의심하는 이유는 인간의 통찰력이 한정적인 데 있다. 이 점에서 신뢰나 신용은 일종의 모험이 틀림없고, 여기에는 어느 정도 도덕적인 용기와 정신력이 필요하다. 남을 신뢰한다는 것은 언제나 어느 정도 인격을 걸지 않으면 불가능한 일이다. 신뢰도가 높고 신용이 바위처럼 굳어지면, 우리의 모험은 한없이 커지고, 이와 함께 신뢰의 도덕적 가치도 높아진다.

우리는 언제든지 남에게 신용을 잃지 말아야 한다.

믿음[신용]은 인생의 탁월한 창조적 힘이다. 이러한 사실은 종교에서 이미 잘 알려진 사실이지만, 윤리학에서는 아직까지 충분한 이해를 구하지 못하고 있다. 외면적이고 물질적인 '신용'에서 공적 생활에서의 권력 위임에 이르기까지 모든 인간관계는 신용에 기초한다. 단결을 통한 강화는 상호 신뢰에 기초한다. 그 강도는 높은 목표에 대한 공동의 믿음이 있을 때 한층 강화된다. 믿음은 탁월한 사회가치이고, 특수한 이해를 지닌 다양한 개인들을 결합한다. 정의와 이웃 사랑도 사람들을 결합하지만, 정의는 지나치게 반성적이고 타산적이다. 이에 반해 이웃 사랑은 너무 변하기 쉽고, 사적이고 감정적이다. 정의감에 의한 연대성이나 사랑의 연대성과 다른 연대성의 형식이 있는데, 그것은 곧 믿음의 연대성[신앙 공동체]이다. 인간 생활의 진정한 도덕적 가치는 상호 신뢰의 범위 내에서 비로소 개시된다.

이러한 신뢰 관계는 우정의 기본이다.

겸손, 공경, 예절

지금까지 살펴본 제2군의 가치는 서로 다르다 하더라도 친근한 사람들 사이의 가치라는 점에서 공통적이고, 그 에토스는 타인의 내면을 지향하는 작용의 에토스다. 하지만 이 지향 작용은 때때로 제한되지 않으면 안 된다. 왜냐하면 사람은 누구나 구애받지 않으려 하기 때문이다. 따라서 이 제한은 인격의 정당한 요구에 따른 것이고, 신뢰와 이웃 사랑, 특히 이웃 사랑에서 나오는 동정이 성가신 것이 되어서는 안 된다. 진실, 정직, 충실에도 한계가 있어야만 하고, 제1군 가치인 지혜, 정의, 용기 등에 관해서도 마찬가지다. 특히 긍지는 교만해지기 쉽다. 이들이 균형을 이루기 위해서는 겸손과 공경이 필요하다. 겸손과 공경은 도덕적 자기의식의 한계가치이고, 그 자체로 진정한 자기가치다. 따라서 이들은 따로 하나의 가치군을 이룬다.

겸손은 안으로는 자기비판이고, 가치론적 자기겸손이다. 그리고 밖으로는 타인과의 관계, 즉 자기 자신의 비가치에 대한 감정을 가지고 타인의 도덕적 가치 앞에서 뒷걸음친다. 그러나 겸손한 사람은 비굴한 사람과 다르다. 겸손한 사람은 도덕적 수준을 높게 잡고, 교만한 사람은 낮게 잡는다. 교만한 사람은 아래로 내려다보지만, 겸손한 사람은 위로 쳐다본다.

겸손이 타인에 대해 갖는 외적 태도라면, 공경은 타인을 대하는 내적 형식이다. 공경은 자신의 존재를 윈진성(이상)과 비교해서 본다. 따라서 공경의 대상이 되는 것은 보통 사람이 아닌 이상적 인물이다. 사람이 사람 앞에서 굴욕을 느끼는 것은 비굴이요 노예근성이다. 비굴도 교만과 마찬가지로 도덕적 착각이다. 소심함, 비겁함, 잘못된 수치심, 굽실거림 등은 공경과 거리가 멀다.

예절은 다른 방면에서 겸손과 관계한다. 남을 너무 가까이하면 도리어 실례가 되기도 한다. 가까이하는 데도 한계가 있어야만 한다. 이것이 이른바 사양이요, 예절이다. 사람은 누구나 남에게 보이고 싶지 않은 내면을 지니고 있다. 그래서 밖에서 접근해 오는 것을 침입이라 생각하고 싫어하는 경우가 있다. 서로 사랑하는 사람끼리도 이러한 면이 있다. 긍지 있는 사람은 동정을 싫어한다. 이와 같이 지나치게 가까이하면 상대방에게 불쾌감을 주고 정 떨어지게 하는데, 적당한 거리감을 가진 사람의 에토스를 '고귀'의 에토스라 한다.

외적 교제의 가치

위에서 살펴본 가치들이 모두 사람의 심정 가치라고 볼 수 없지만, 일정한 태도에 나타나는 가치임에는 틀림없다. 이 가치군은 인간 존재의 표면, 즉 다른 사람과 외적으로 접촉하는 것과 관련된 것들이다. 한 시대와 사회에 통용되는 행동 형식을 '의례' 또는 관습이라 한다. 인간은 각자 자기 자신의 행동방식을 스스로 만들어 행동하는 것이 아니라 기존의 관습에 따라 행동한다.

관습은 역사적으로 변한다. 그래서 나라와 시대에 따라 많은 종류의 관습들이 있다. 관습은 상대적이다. 그러나 인간 사회에는 어떤 형식으로든지 그 시대의 관습인 의례의 체계가 있다. 인간이 각자 일반적인 의례의 형식을 준수하리라는 기대와 신뢰는 공동생활의 본질적 요소다. 이 믿음을 바탕으로 인간 상호 간의 교제가 비로소 가능해진다.

제7장 특수한 도덕적 가치: 제3군

인간 사랑(원인애)

무릇 인간의 활동은 예견적이다. 그러나 인간의 예견은 먼 데까지 미치지 못하는데, 그것은 이웃 사랑에서 가장 분명하게 나타난다. 우리가 먼 데 있는 사람에게 애착을 느끼지 않고 이웃에게 더 애착을 느끼는 까닭은 이웃이 우리 앞에 주어져 있기 때문이다. 우리가 그를 알고, 그의 곤궁함을 보고, 자기의 사랑하는 마음 작용을 그에게서 경험할 수 있기 때문이다. 이웃을 사랑하는 것은 쉽다. 이웃을 사랑히기 위해서는 이기심을 정복하기만 하면 된다.

자신의 협소한 목적뿐만 아니라 자기 주변이나 동시대인들의 목적까지도 제쳐 두고, 노력의 특수한 가치를 명료하게 간취한다는 점에 플라톤 철학의 불멸의 공적이 있다. 플라톤이 《향연》에서 에로스는 불멸에 관여한다. 동물은 생식으로 생산한 자손들 속에 자기를 살린다. 새끼에 대한 배려, 새끼를 위해서라면 죽음도 불사하는 것은 동물의 유적(類的) 생명의 장래와 관련해서 이해되어야 한다. 개체는 죽어도 유(類)는 죽지 않는다. 그러나 인간은 육체적 생식 외에 다시금 정신적 생식을 한다. 육체는 죽어도 인간의 정신적 작품은 영원히 남는다. 인간은 이 '불후의 덕'에 의해 영원에 참여한다.

플라톤의 에로스는 이념에 대한 심각한 집착이고, 이념을 향한 강렬한 열정이며, 이념을 위해 모든 인격을 바치는 것이다. 이 정열로 인해 인간은 자기 자신과 이웃을 초월할 수 있다.이 정열은 미래를 위해 현재를 희생하는 것이고, 자기 생활을 다른 생활을 위해 바치는 것이다. 이렇게 자기를 초월하는 사랑의 에토스가 있다. 이 사랑은 이웃 사랑과 달리 미래 인간이나 현존재가 이념 속에서만 파악될 수 있는 인간에 대한 사랑이다. 이것은 오직 주기만 하고 받을 줄 모르는 사랑이며, 사랑하는 사람 자신도 만족할 수 없는 고상한 갈망이다. 이를 니체는—이웃 사랑과 구별해서—이른바 '인간 사랑[원인애(遠人愛), Fernstenliebe]'이라 불렀다.

하지만 니체가 이웃 사랑을 부정한 것은 지나친 생각이다. 물론 인간 사랑과 이웃 사랑이라는 두 가치 사이의 갈등도 부정할 수 없다. 인간 사랑은 실제로 가까이 있는 사람에 대한 태도를 극복할 것을 요구한다는 점에서 이웃 사랑과는 이율배반적이다. 물론 이웃 사랑도 이기심을 극복함으로써 생겨나는 것임은 틀림없다. 그러나 이웃 사랑의 활동 목표는 현재를 넘어서지 못한다. 인간 사랑은 현재를 넘어 먼 미래까지 계속될 활동을 요구한다. 인간 사랑도 이웃 사랑에서 시작하지 않으면 안 된다. 왜냐하면 모든 인간의 활동은 목적 활동의 형식을 취하며, 그 최초 수단을 현존하는 것에서 구하지 않으면 안 되기 때문이다. 하지만 인간 사랑의 목표는 이웃에 있는 것이 아니라 이웃보다 더 큰 것을 보는 것이다.

인간 사랑과 정의의 관계에서도 가치갈등은 있다. 정의가 인간 사랑을 배척하는 것은 아니나 인간 사랑이 곧 정의인 것도 아니다. 인간 사랑은 부정을 저지를 수 있다. 왜냐하면 인간 사랑의 목표는 개인이나 사회에 있는 것이 아니라 강하고 우수한 인간 유형을 추구하는 것에 있기 때문이다. 하지만 이러한 인간 유형의 제고를 정당한 것으로 만들어 주는 것은 '정의'다.

모든 것을 추진하는 원동력은 윤리적 이상, 즉 마땅히 되어야만 할 인간의 이념이다. 에로스가 이념에 관계하고 이념에 대한 정열이라는 것은 플라톤의 명제다.

플라톤의 명제에서 볼 수 있듯이 인간 사랑의 본질은 고귀가치의 방향에 있다. 인간 사랑은 탁월한 가치다. 이 탁월한 점은 고귀의 모든 에토스처럼 인물의 선택과 가치의 선택에 있다. 인물의 선택은 가치관점에서 선택하는 것이고, 가치선택은 가치의 높고 낮음을 저울질하는 관점에서 선택하는 것이다. 이상을 형성하는 것은 가치선택의 형식이고, 따라서 가치의식의 타성을 극복해 가는 과정의 형식이다. 니체가 종래의 모든 가치에 대해 전도(顚倒)를 요구했던 것도 이 때문이다. 그리하여 이상의 형성은 이미 승인된 가치를 넘어선 가치예상이고, 가치의식의 혁명이다. 이러한 이상 형성의 기수인 영웅, 예언자 또는 사상가는 반드시 보복을 당한다. 왜냐하면 이들은 모두 그 시대의 연대성을 파괴하는 자요, 반역자이기 때문이다.

이상 속에 들어 있는 내용은 인간 사랑에서 토대가 되는 사태가치 역할을 한다. 인간 사랑은 이상의 내용을 지향하고, 실현하기도 한다. 그러나 이상의 내용 속에 도덕적 가치가 들어 있는 것은 아니다. 도덕적 가치는 여기서도 인격의 심정에만 있다. 도덕적 가치는 순수한 지향 작용의 가치이고, 이상의 가치 내용을 토대로 하면서 이 토대 위로 떠오른다. 그러나 사랑의 가치 그 자체의 높이는 사랑이 지향하는 가치의 높이와 무관하다. 이상을 지향하는 작용은 그 자체 이 이상의 내용과 그 객관적인 가치의 높고 낮음에 관계없이 가치 있는 것이고, 다만 관조된 가치를 지향하는 한에서 순수한 심정이며, 사랑의 작용이다. 그러나 이러한 작용을 갖는 도덕적 가치의 높고 낮음은 사람이 이상을 위해 헌신하고 자기를 극복하는 작용의 강도에 따라 좌우된다. 이러한 사정은 이웃 사랑과 같다.

증여의 덕

인간 사랑과 마찬가지로 증여의 덕도 니체가 명명한 가치다.

정신적 가치의 세계는 물질적 세계와는 다른 주고받는 법칙이 지배한다. 이 정신적 가치는 개인이 절대로 소유할 수 없는 것이다. 이 가치는 그것을 파악할 수 있는 능력을 지닌 모든 사람에게 귀속된다. 이때 소유란 언제나 분유한다거나 보유한다는 의미를 갖는다. 물론 우리는 정신적 가치를 자신의 개인적 소유인 줄 알고, 이 가치를 본질에 맞지 않게 취급하고 또한 압류할 수도 있다. 이러한 태도는 정신적 탐욕이다. 그러나 우리가 정신적 가치를 소유하고 있을 때에는 이를 다른 사람에게 제공하고 보급한다. 또한 보급해야 할 필요가 있을 때에는 그 길을 터 줌으로써 정신적 가치의 본질과 동시대인들의 이념적 요구가 이에 부응할 수 있게 한다. 이것이 증여자의 도덕적 태도다. 이것도 사랑의 한 형태임이 분명하다. 왜냐하면 증여자가 중요시하는 것은 선물이 아니라 선물을 받는 사람이기 때문이다. 이 사랑은 이웃 사랑에 비해 새로운 가치를 지니는 것이고, 인간 사랑을 넘어서는 그러한 사랑이다.

증여는 그 본질에서 '주어 버리는 것'과 다르다. 증여는 아주 주어 버리는 것이 아니다. 준다고 해서 증여자가 가난해지는 것도 아니다. 여기서 증여자(Schenkender)는 기증자(Beschenkter)로 변한다. 증여는 본래 아주 주어 버릴 수 없는 정신적 가치의 본질에 적합한 인간의 태도다. 증여의 덕은—정신적으로 풍요한 생활 그 자체가 아니라—풍요로운 생활에 적합한 인격의 생활이다. 이러한 생활은 활기가 넘쳐 모든 일에 관여하며, 베풀어 주는 능력을 갖는다. 거기에 기증자의 정신적 성장에 대한 기쁨이 있다.

증여의 덕이 갖는 고유한 가치는 이웃 사랑과 비교해 보면 분명해진다. 증여는 이웃 사랑에서도, 인간 사랑에서도 말할 수 있다. 다만 인간 사랑의 증여는 이웃 사랑의 증여와 다르다. 이웃 사랑에서 증여의 근거는 궁핍이지만, 인간 사랑에서의 근거는 풍요다. 이웃 사랑은 약자, 가난한 사람, 손해를 입은 사람 등에게 베풀어지지만, 증여의 덕은 받을 줄 알고, 증여에 대한 가치관을 가진 모든 사람에게 주어진다. 이웃 사랑은 누구나 받을 수 있지만, 증여의 덕은 아무나 받을 수 없다. 증여는 받을 능력이 있는 사람만이 받을 수 있다. 여기서 증여를 고맙게 생각하는 사람과 그렇지 못한 사람, 가슴을 여는 사람과 열지 못하는 사람, 말을 알아듣는 사람과 그렇지 못한 사람이 엄격하게 갈린다.

이렇게 받을 능력이 없는 사람에게 증여하는 사람은 자기 자신을 낭비하는 자다. 낭비가 없는 증여야말로 정신적 내실이 계속되기 위한 진정한 형식이다. 이 형식에서 풍요로운 정신적 내실은 낭비를 넘어 생산에 적합한 형식으로 전환된다. 이러한 의미에서 증여하는 사람은 창조하는 사람이다.

인격

어떤 의미에서 사람은 누구나 본래 인격성(Persönlichkeit)을 지니고 태어났다. 인격성이란 자신 밖에 있는 다른 사람으로부터는 주어지지 않는 인간적 고유성을 말한다. 인격성은 단순히 사람됨(Personalität) 이상의 것이다. 사람됨은 만인에게 공통적이지만, 인격은 각자에게 다 다르고 개별적이다. 그렇다고 인격이 개별성과 같은 것은 아니다.[16] 이러한 인격의 존재는 인격가치와 분리되지 않지만, 구분되어야 한다. 즉 [마땅히 있어야만

16) 여기서 개별성은 개인을 가리키는 말이 아니다. 하나의 단체나 제도, 국가도 다른 단체나 제도, 국가와 비교해 볼 때 개별적일 수 있다. 이러한 의미에서 개별성이란 다수성에 대한 반대를 말한다.

하는] 이념적 인격가치와 실재하는 인격의 존재는 일치하지 않는다.

인격가치가 다른 모든 가치와 근본적으로 다른 점은 그것이 많은 사람들을 통일적으로 규정하는 보편가치가 아니라는 점이다. 인격가치는 오직 한 사람에게만 마땅히 이러저러한 사람이 되라고 요구한다. 이러한 당위의 요구는 개성 일반의 가치를 향해 일어나지 않는다. 개성 일반은 만인에게 공통적이다. 개성은 각자에게 내용적으로는 다 다르지만, '다르다'는 이 공통적인 특징에서는 모든 개성이 동일하다. 인격은 그렇지 않다. 인격은 어떤 사람의 개성을 다른 사람의 개성과 구별해 주는 것을 말한다. '인격 일반'이란 없다. 물론 그러한 개념을 만들 수는 있다. 하지만 여기서 말하는 것은 이러한 인격 일반이 아니라 질적 차별이 있는 인격성을 말한다[윤리학은 개인의 독특한 인격가치를 다루는 학문이 아니다. 윤리학은 다만 인격 일반에 부대하는 인격가치에 대해서만 말한다]. 따라서 우리는 복수의 인격에 대해 이 인격, 저 인격이라고 지시적으로 말할 수 있을 따름이다.

인격가치의 실질(내용)은 사람마다 다르다. 인격가치의 실질은 다양한 가치 성분에서 합성된 것이고, 이러한 가치 성분은 모두 각기 일반적인 가치다. 그러나 합성의 형식은 인격마다 다르다. 가치합성에서 일반적으로 새로운 가치가 나오는데, 인격가치는 이 복잡한 합성에서 특히 더 그렇다. 이러한 의미에서 인격가치를 개별 가치라고 말할 수 있다. 왜냐하면 각 개인은 모두 자기의 가치를 독자적으로 가지고 있기 때문이다.

그런데 인격가치는 가치의 실현과 무차별적인 이념적 자체 존재다. 또한 인격가치는 인간의 가치기준이지만, 공통적인 기준이 아니다. 인격가치는 현실적인 인간에게 실현될 수도 있고, 실현되지 않을 수도 있다. 인격가치의 실현은 반드시 가치의 의미에 의해 제약받는 것이 아니다. 모든 사람에게는 어느 순간에나 가치관조와 관계없이 이념적인 인격가치와 실재하는 인격 사이에 일정한 간격이 있다. 이 관계는 항상 유동적이다. 그러나 가치의 실현 그 자체는 가치 있는 일이다. 그 이유는 모든 가치의 본질에 들어 있다. 따라서 인격의 이념적 성격의 실현도 또한 일종의 도덕적 가치라고 보지 않을 수 없다. 인간의 도덕적 가치는 인간 존재의 순수성에서, 특히 자기 자신에 충실하다는 점에서, 그리고 그 사람의 확고한 도덕적 존재에서 표현된다. 도덕적 가치는 인격에 따라 내용적으로 아무리 다르다 하더라도 이 점에서는 다른 것이 없다. 여기서 분명해지는 것은, 인격가치가 매우 복잡하지만 그 가치

성분은 일반적 가치라는 사실이다. 그리하여 인격가치는 그 내용이 복잡할수록 그 타당 범위가 문제 될 것이다. 한 부류의 개인에게만 타당하고 이 부류에 속하지 않은 개인에게는 타당하지 않은 덕가치도 있을 것이다. 이러한 의미에서 인간은 누구나 일반적인 덕과 동시에 자기 자신만의 덕을 가지게 된다. 여기서 보편적 덕가치와 인격가치의 개별성은 어떻게 조화될 수 있을까?

우리가 인격가치를 일종의 존재라고 말한다면, 인격가치를 가치라고 할 수는 없을 것이다. 가치는 가치의 담지자라는 의미에서 개별적일 수 없다. 인격가치도 인격 그 자체라는 의미에서 개별적인 것이 아니다. 인격가치는 실제로 보편적인데, 그것은 어디까지나 다음 두 관점에서 그러하다.

첫째로 인격가치는 '주관적으로 보편적'인 것, 즉 가치를 파악하는 모든 주관에 대해 타당하다. 이것은 모든 주관이 파악할 수 있다는 의미에서 보편적인 것이 아니라, 모든 주관이 자신의 파악 능력을 가지고 가치를 대하는 한에서 이 가치의 특수한 가치성격뿐만 아니라 가치 자체가 무엇인지 파악된다는 의미에서 보편적이다.

둘째로 인격가치의 객관적 보편성도 성립한다. 이것은 인격가치의 본질에 속한다. 이념적 형상은 유일한 현실적 사례만이 대응하는 그러한 특성을 지닐 수 있다. 그렇다면 실재 세계 속에서 개별적인(유일한) 것이 나타난다고 말할 수 있을 것이다. 그러나 이념적인 형상 그 자체는 개별적인 것이 아니다. 이렇게 현실적인 것과 이념적인 것이 일치하지 않는 까닭은 이념적인 것에 있지 않고 현실적인 것에 있다. 이념적인 것에서 보면 유일한 것은 모두 우연적이고, 사실적이며, 따라서 현실적인 존재의 한 요건에 지나지 않는다. 이러한 사실은 인격가치에 개별성의 의의를 부여하기에 충분한 것이다. 개별성은 오직 인격가치에만 속할 수 있다. 엄밀히 말해 인격가치는 개별적인 가치가 아니라 개별자, 즉 유일하게 실재하는 인격의 가치다. 여기서 개별성은 이념적인(가치성격) 것 자체에 있는 것이 아니라 이념적인 것과 현실적인 것의 관계에 있다.

인격가치의 실질적 구조는 가치성분의 가치 높이와 상관없지만, 인격가치 자체의 가치성격은 가치의 높고 낮음에 따라 차이가 난다. 인간의 개인적 에토스는 크거나 작을 수 있고, 탁월한 것도 있고 보잘것없는 것도 있다. 사람들은 이러한 유형의 구별에서 대부분 뛰어나지 못한데, 그런 사람들에게는 인격성이 부족한 것이다. 우리가 흔히 '위대한 인격'이라고 부르는 사람은 극히 개인적인 사람이 아니라 특수한 특징을 지녔거나 어디서나 흔히 볼 수 있는 성격을 강렬하게 표시하는 사람이다. 인격가치의 엄밀한 의미는 다만 인간의 품성 속에서 그의 내면적 자세가 가치우선감정의 경향을 취하는 가치복합의 특성과 개별화에 있다. 이러한 가치우선감정의 경향에 따라 인간은 모든 사람에게 타당한 존재 당위를 넘어설 수 있다.

인격가치의 의미에서 자신의 욕구나 행동 속에는 언제나 자기 고유의 것, 다시 말해 어느 누구도 하려고 하지 않거나 흉내 낼 수 없는 어떤 것을 가지려는 경향이 있다. 즉, 모든 행위에서 자신의 고유한 가치를 보여 주고, 이로써 개인적 존재의 권리를 나타내려 한다. 물론 이러한 경향은 [칸트처럼] 의지를 의식적으로 규정하는 의식적 원리의 형식을 취할 수 없고, 다만 가치감정 속에 있을 따름이다. 그것도 다른 도덕적 가치와 마찬가지로 구체적인 인격가치가 이미 내적인 가치선택의 법칙을 가지고 있는 한에서 그렇다.

인격가치의 당위 존재가 다른 덕가치의 당위 존재와 달라 보이는 것은 겉으로만 그럴 뿐이다. 각자는 자신이 지닌 개인적 덕성에 따라 '존재해야' 마땅하다. 이때 보편적 가치를 희생시켜서는 안 된다. 각자는 보편적 가치가 허락하는 범위 내에서만 개성에 따라야 한다. 인격이 정의, 진실, 충만, 이웃 사랑 등의 명령을 충족하지 못하면 내적 부조화가 생긴다. 이러한 인격은 도덕적으로 위선이다.

인격적 사랑

일반적인 이웃 사랑과 다르고, 인간 사랑과도 다르며, 증여자의 사랑과도 다른 또 하나의 사랑이 있다. 그것은 오로지 단 한 사람만을 향한 은밀한 사랑이고, 인격적 사랑이다. 이러한 인격적 사랑의 삶은 보편적인 원리에만 따르는 것이 아니다. 보편적 원리에만 따르는 사랑은 비인격적이어서 인간의 깊은 내면적 본질에 참여하는 것이 아니다. 하지만 인격적 사랑은 인격 그 자체를 위한 것이고, 인격 그 자체에 대한 것이다. 이러한 인격적 사랑은 그 경향상으로 보아 사랑하는 사람을 온전히 차지하려는 방식이다. 이것은 이웃 사랑이 미치지 못하는 다른 방식의 인간적 '접근'이다.

인격적 사랑은 인격에 대한 인격의 덕이고, 그 자체 사랑하는 사람의 인격가치에 속해 있다. 인격적 사랑은 사랑받는 사람의 인격가치를 향하고, 이를 위해 모든 것을 바친다. 물론 모든 사랑이 가치를 향하고, 어떤 이념을 향한다. 하지만 그것이 어떤 사랑이냐에 따라 이념이 달라진다. 이웃 사랑은 인간의 보편적 · 인격적 가치를 향하고, 따라서 사랑할 사람을 선택하지 않는다. 인간 사랑은 직관된 인간의 이상을 향하고, 증여의 사랑은 정신적 가치에 대한 관여를 향한다. 그 어떤 사랑에서도 사랑의 본질에 대해 개인적 존재는 발언권이 없다. 그러나 이 개인적 존재도 특별한 가치감정의 관여에 의해 평가받고자 한다. 왜냐하면 무릇 가치 있는 것은 '누구'를 위해 가치 있는 것이 될 때 비로소 충분한 의미를 갖게 되기 때문이다.

인격적 사랑은 인격의 가치의식이다.

사랑하는 사람은 사랑받는 사람에게 거울이고, 그 인격 존재의 의미를 충족시킨다. 이로써 사랑은 일종의 독특한 윤리적 상황, 즉 사람과 사람 사이에 친밀하고 절대적인 두 사람의 결합을 만들어 낸다. 여기에 3자가 개입하면, 종래의 두 사람 사이에서는 찾아볼 수 없었던 새로운 입장이 요구된다. 이리하여 많은 사람들 사이에서 사랑은 그 인격적 성질을 잃고 천박한 유형의 동정에 가까워지고 만다. 한 사람이 여러 사람을 인격적으로 사랑한다 하더라도 각자에 대한 사랑은 같은 것이 아니고, 상대방의 개성에 따라 달라진다. 따라서 개인적이고 윤리적인 대자존재는 오직 두 사람 사이에서만 성립한다. 인격적 사랑은 두 사람 이하도, 이상도 아닌 오직 두 사람 사이에서만 성립한다.

사랑하는 삶이 지닌 객관적 가치는 좁은 의미에서 도덕적 가치, 즉 덕가치와 구별된다. 덕가치는 모든 도덕적 가치와 마찬가지로 심정과 지향 작용에만 있다. 사랑은 절대적이며 적극적인 심정이고, 절대적으로 긍정하고 호의를 베풀고 헌신하고 건설하는 경향이다. 반면에 미움은 부정하고 뒤집고 파괴하는 경향이다. 인격적 사랑은 인격에 대한 절대적 긍정이다.

일반적인 견해에 따르면 사랑의 감정가치는 전적으로 그 본질에 앞서 나타난다. 그래서 사랑은 모든 인간의 감정 중에서도 가장 적극적인 감정이고, 그 최고의 내실을 생활 속에서 충족해 간다. 또한 사랑은 가장 순수하고 고상한 기쁨이고, 가장 풍요로운 행복이다. 이 점에서 이견은 없다. 그러나 사랑은 본질적으로 영원하고 초시간적인 이념성을 자신의 대상으로 삼고, 사랑하는 사람은 사랑의 영원성을 자기 자신에게서 직접 느낀다. 그리하여 사랑이 감정가치를 행복이라고 보는 통속적인 견해는 사태의 본질을 보지 못한 것이라 하겠다. 사랑에서 행복은 이차적인 것이고, 사랑의 특수한 감정가치는 행복/불행의 피안에 있다.

영원의 감정 및 쾌·불쾌의 피안에 있는 태도에는 자아가 관여하는 깊이가 대응한다. 이 영원의 감정이 열정으로 승화될 수 있고, 인간 생활 전체를 조용히 조명할 수 있는 이유는 심적 생활의 근저, 즉 의식의 한계 너머 있는 심연에서 이 감정을 파악하기 때문이다.

사랑의 눈은 현실적인 인간의 배후에 있는 인간의 이념적 본질을 본다. 인격가치와의 관계에서 말한다면 오직 사랑하는 사람만이 이 본래의 참된 인간을 본다. 그러나 사랑하지 않는 사람은 보지 못한다. 사랑하는 사람이 인격성에 대해 맹목적이라는 말[사랑하면 눈이 먼다는 속담]은 옳다. 오직 사랑하는 사람만이 인격가치를 인식한다. 그리하여 인격적 사랑은 증여의 덕과 마찬가지로 인생의 궁극적 의미를 실현하는 것이고, 최고의 자기 가치이며, 인간 존재의 의미를 부여하는 것이고, 우리 삶을 조명하는 일종의 광채와도 같다.

제8장 가치표의 법칙성

체계상의 결핍

도덕적 선의 통일적 의미는 하늘의 성좌만큼 무수히 많은 가치들로 분해된다. 이 가치들을 통찰하다 보면, 우리는 의외로 일종의 가치표(Werttafel)에 도달하게 된다.

이렇게 해서 획득한 가치표는 그 내부 질서에서 완전하고 일의적으로 타당한 것이 아니다. 가치 연구는 이제 겨우 시작되었다. 다양한 개별 가치나 가치군이 발견되었지만, 이에 대한 연구는 아직도 답보 상태에 있다. 가치세계는 어느 방면으로나 완결된 것이 아니다. 가치세계에서 가장 기본적인 단순한 가치와 내용적으로 복잡한 최고의 가치라는 양극단은 모두 우리의 인식을 초월해 있다. 가치를 관조할 수 있는 우리의 안목은 오직 그 중간층에 있다. 인식 가능성이 가장 높은 것은 기초적 가치의 위층과 도덕적 가치의 아래층이다. 그리하여 여기서는 '선'이 그 중심을 차지한다고 생각할 수 있지만, 실제로는 정반대다. 왜냐하면 선은 내용적으로 범위가 넓어서 가치실질뿐만 아니라 가치 간의 상호 관계에서도 가치 전체를 전제하기 때문이다. 가치표의 법칙이 있다는 점을 선(善)도 전제한다.

그렇다면 가치세계의 내면적 관계, 즉 법칙성에 관해 우리가 알 수 있는 것은 무엇일까? 우리는 가치표를 매우 불완전하게 개관할 수밖에 없는데도 거기서 어떤 법칙을 찾아낼 수 있을까? 이 물음들에 대해 우리는 겸손한 대답밖에 할 수 없다. 우리가 얻을 수 있는 것도 기껏해야 몇 종류의 규칙성밖에 없다. 본래적인 법칙의 통찰은 기대할 수 없다.

위에서 전개한 가치의 계열을 개관해 보면, 큰 무리 없이 다음과 같이 여섯 개의 관계 법칙으로 나뉠 수 있을 것이다. 그중에서 다시 둘씩 묶어 하나의 군(群)으로 분류한다.

① 성층 관계의 법칙
② 토대 관계의 법칙 }제1군
③ 반대 관계의 법칙
④ 보충 관계의 법칙 }제2군
⑤ 고저의 법칙
⑥ 강약의 법칙 }제3군

우리는 이 법칙들을 많은 특수 사례에서 직관적으로

파악할 수 있을 것으로 생각하지만, 법칙 그 자체를 지적하기란 어렵다. 가치표의 체계적 성격이 숨겨져 있는 전반적인 암묵 속에서 법칙성의 유형만이라도 찾아낸다면, 그것만으로도 가치 있는 일이다.

가치를 강제하는 법칙은 없다. 우리는 어떤 근본 가치를 가지고 있기 때문에 자연히 이것이 기준이 된다. 가치의 세계에서 우리가 발견하는 가치로 입증하지 못하는 법칙이란 있을 수 없다. 이와 같이 법칙을 유추할 수 있는 영역이 곧 '범주의 세계'다. 범주의 세계는 존재의 보편적인 원리 체계를 말한다. 그래서 가치 가운데서 범주의 성격이 재현된다. 이 점을 아래의 개별적인 관계 유형에서 모색해 보자.

성층 관계와 토대 관계

범주 체계의 연구에서 가장 눈에 띄는 것은 개별 범주가 서로 밀접하게 결합해 있다는 점이다. 이들 개별 범주의 본질을 손상시키지 않고서는 개별 범주를 분리할 수 없다. 플라톤이 《소피스트》 편에서 처음 증명했고, '변증법적 법칙'이라 이름 붙일 수 있는 이 법칙은 다음과 같이 공식화된다. 모든 범주는 서로 분리되어 고립된 개별적인 것이 아니라 각 범주군이나 범주층의 내부에서 서로 연결되어 있고, 서로를 제약하면서 얽혀 있다. 이것이 플라톤이 말하는 종합(Symploke)이다. 범주의 세계에서 이 법칙은 거의 전제적이다. 여기서 모든 개별 원리는 동시에 그 내면적 본질을 자기 밖의 모든 방면에 대한 관계에서 가진다. 따라서 개별 원리는 체계 전체가 압축된 모습을 자기 자신 속에 함축하고 있다. 이 점에서 개별 원리는 그 자체가 하나의 체계다. 그렇기 때문에 개별 원리는 동일한 층에 속하는 같은 수준의 다른 원리에 의해서도 발견된다.

우리는 위에서 가치실질의 구조가 논리적 포섭 관계에 대해 매우 폭넓은 활동의 여지를 남겨 두고 있다는 점을 보았다. 실질은 본래 존재론적 계기들로 형성되어 있다. 그래서 이 계기들과 함께 당연히 법칙성이 개입한다. 그러나 이 법칙성은 실질의 참된 가치성격이나 가치의 높이, 특수한 가치의 질과는 아무 관계가 없다. 또한 포섭의 법칙이 충분히 충족되는 실질 그 자체의 관계에서도 핵심적인 것은 포섭의 법칙이 아니라 포섭 관계에 수반되어 형성되는 다른 법칙이다. 우리는 이 법칙을 그 근본 성격에 따라 '성층 법칙'이라 부른다. 성층 법칙은 범주 세계에서 매우 폭넓은 역할을 하거니와 가치세계에서는 약간 변형되었다 해도, 지배권을 잃지 않았다. 성층 법칙에는 다음과 같은 네 가지 법칙, 즉 재현의 법칙, 변화의 법칙, 새로움의 법칙, 층차의 법칙이 있다. 이들은 원리 일반의 성층에 관한 보편적 법칙이지, 결코 특수한 가치 성층의 법칙이 아니다. 따라서 여기서는 우선 그 일반적인 범주 형식만 열거해 둔다.

(1) 낮은 층의 원리나 요소들은 보다 높은 층의 부분적 계기로 재현된다(재현의 법칙).

(2) 이와 같이 높은 층에서 재현되는 낮은 층의 요소들은 높은 층의 형성물 구조에 영향 받지 않을 수 없다(변화의 법칙).

(3) 높은 층의 형성물은 거기에 재현되는 낮은 층 요소들의 다양함에 그치지 않는다(새로움의 법칙).

(4) 낮은 층의 원리 위에 높은 층의 원리가 중첩되는 과정은 연속적으로 진행되는 것이 아니라 현저한 층차로 구분되는 계층에서 계층으로 이행된다(층차의 법칙).

범주 법칙이 가치세계에서 유연해지는 것은 다른 관련 법칙이 나타나고, 따라서 범주 법칙 혼자만이 유일한 지배자가 아니기 때문이다. 가치세계는 복잡한 구조를 하고 있다. 물론 특수한 가치론적 법칙을 명시할 수 있을지가 의문이지만, 범주 세계에는 없는 단 하나의 법칙을 언급할 수 있다. 그것은 아직 보편화되지 않았지만, 유일한 순수 가치론적 법칙으로 매우 중요한 것이다. 그것은 도덕적 가치에 대한 재가치와 사태가치의 관계를 말한다. 여기서 일종의 토대 관계가 발견된다.

물론 토대 관계라는 말은 그 자체로는 무의미하다. 어떤 의미에서 기초가 되는 모든 것이 토대다. 성층 관계도 토대 관계라고 부를 수 있다. 넓은 의미에서 가치표에서는 여러 종류의 토대 관계가 발견되지만, 사태가치와 도덕적 가치 사이의 토대 관계는 특수하고 복잡하다.

(1) 성층에서 낮은 가치는 높은 가치의 요소로 재현되어 다소 변모된 형태로 높은 가치에 포함되고, 실질적으로 떨어져 있을 수 없다. 그러나 토대 관계에서는 낮은 가치가 높은 가치 속에 재현되지 않고, 새로운 가치실질에도 참가하지 않는다. 도덕적 가치는 사태가치의 성격을 조금도 지니고 있지 않다. 사태가치는 도덕적 가치의 전제일 뿐이고, 가치론적 조건일 뿐이다.

(2) 성층 관계에서는 높은 가치가 표현될 때 그 속에서 재현되는 낮은 가치도 필연적으로 함께 실현된다. 그러나 토대 관계에서는 토대 위에 실현되는 가치와 함께 토대가

되는 가치가 반드시 실현되는 것이 아니다.

(3) 성층 관계에서 높은 가치의 실질은 낮은 가치의 실질에 의해 제약될 뿐만 아니라 보다 높은 가치가 보다 낮은 가치의 제약을 받는다. 그러나 이 의존 관계가 토대 관계에서는 재현되지 않는다.

대립 관계와 가치종합

다양한 가치의 대립 법칙을 전체적으로 직관하려면, 어떤 개별적인 경우에도 다음과 같은 다섯 가지 대립의 유형이 연관을 이루고 있다는 점을 알아야 한다.

① 가치-가치 무차별적인 것
② 반가치-가치 무차별적인 것
③ 가치-반가치
④ 가치-가치
⑤ 반가치-반가치

이 다섯 가지 대립의 유형은 또한 이질적인 세 군으로 구분해 보면 이해하기가 쉽다. 처음 두 군(① · ②, ③)은 모든 가치에 공통적이지만, 세 번째 군(④ · ⑤)은 모든 가치에 나타나는 것이 아니다. 모든 가치가 적극적인 대립

가치를 가지고 있는 것도 아니다. 그러나 모든 가치는 하나의 반가치 및 하나의 가치 무차별적인 것과도 대립한다. 마찬가지로 모든 반가치가 대립적인 반가치를 가지고 있는 것도 아니다. 하지만 반가치는 어떤 가치나 하나의 가치 무차별적인 것과 대립한다. 이 모두는 단지 내용적 대립에 불과하다.

가치 무차별적인 것에는 두 가지 의미가 있다. 그 하나는 모든 가치관계의 밖에 있는 것, 즉 가치-반가치로 구별되기 전의 단순히 존재론적인 것을 말하고, 다른 하나는 가치와 반가치라는 양극에서 이념적으로 중앙에 있는 것, 즉 가치의 연속선상에 있는 무차별적인 점을 말한다.

가치표의 법칙을 얻기 위해 먼저 해야 할 일은 ③과 ④의 대립형 관계, 즉 보편적 본질 대 가치론적 본질의 대립과 '가치-반가치'라는 특정한 구조와 관련된 적극적 대립의 관계를 규정하는 것이다. 특히 '가치-반가치'의 대립 속에는 오늘날 가치 연구가 아직 풀지 못한 가치 이율배반의 수수께끼가 들어 있다. 이 두 가지 가치대립은 분명히 서로 다른 가치 차원에 놓여 있고[가치-반가치 관계는 가치의 높고 낮은 층이라는 수직적 차원에 있고, 적극적인 가치 대 가치의 관계는 주로 가치층의 수평적 차원에 있다], 양자는 서로 아무 관련 없이 변이한다. 이 관계의 도식은 다음과 같이 쉽게 구성해 볼 수 있다.

A(정의) —— B(이웃 사랑)
| |
−A(불의) —— −B(몰인정)

이 표의 근본 관계 네 가지 중에서 오직 세 가지 관계(A와 B, A와 −A, B와 −B)만이 대립적이고 −A와 −B의 관계는 대립하지 않는다. 예를 들어 정의와 이웃 사랑은 하나의 본질적 관계에서 서로 배척한다. 그러나 불의와 몰인정은 반드시 서로 배척하는 것이 아니라 내용적으로 서로 다른 부덕(不德)이다. 또한 대각선의 관계(즉 A와 −B, B와 −A의 관계)는 결코 대립적인 성격을 가진 것이 아니다. 그리하여 이웃 사랑은 불의를 동반하고, 정의는 몰인정을 동반할 수 있다. 여기서 가치가 비가치를 동반한다. 이것은 비가치가 가치에 대해 이중의 대립 관계를 가진다는 것, 즉 비가치가 그 적극적인 대립가치의 부정적 대립자가 되는 것임을 알 수 있다.

그렇다면 비가치들 사이의 대립 관계는 없는가? 이러한 대립 관계를 일찍이 아리스토텔레스가 잘 파악했는데, 예를 들어 인색과 낭비, 비겁과 만용, 방종과 몰인정 등의 대립이 그것이다. 그에 따르면 이들 대립하는 악덕의 중간에서 덕이 성립한다. 이렇게 중간에 있다는 것은 덕의 존재론적 규정이지만, 가치론적으로 보면 덕은 최고 가치를 나타낸다. 아리스토텔레스의 덕에는 두 개의 가치가 포함되어 있고, 이들 가치는 뚜렷한 대립[반가치-반가치의 대립]을 이룬다. 다른 한편으로 아리스토텔레스의 덕은 두 개의 악덕 사이에 존립한다. 이것은 덕을 단순히 악덕과 대립 관계에서 파악하는 것이 아니라 양극단의 어느 한쪽으로도 치우치지 않는 '가치종합'을 나타낸다고 하겠다. 이 종합에서 도덕적 가치도 나온다.

보충 관계

대립 관계와는 질적으로 다른 것이지만, 동일선상에서 가치의 보충 관계도 나온다.

신뢰와 성실, 신용과 충실, 인격과 인격적 사랑의 관계가 그것이다. 정직과 경의, 품위와 존경, 위엄과 외경, 공적과 칭찬, 용기와 찬미, 친절과 감사, 행복 능력과 다른 사람의 행복에 대해 기뻐함, 증여의 덕과 수용 능력 등도 마찬가지다. 이러한 보충 관계는 모든 이해단체, 노동단체, 심지어 모든 형식의 생활 공동체 속에까지 파고들고, 사랑에서도 나타나고 있다. 사랑은 물론 상대방의 사랑에

목을 매는 것도, 상대방의 사랑을 통해서만 의미를 얻는 것도 아니다. 사랑 그 자체는 직접적으로 일종의 기대와 반대급부를 동반한다. 인격적이고 자기 가치적인 사랑에서도 서로 의미를 부여하고 충족하는 관계로 발전해 가는 보충 관계가 나타난다.

보충 관계는 도덕적 가치에 국한되지 않고 토대가치에까지 영향을 미친다. 토대가치에서 보충 관계는 더욱 투명하고 단순하다. 재가치의 영역에는 분명히 이 보충 관계가 일관하고 있다. 그리하여 물질적 재가치는 생명가치와 보충 관계에 있다. 예를 들어 건강을 위해 재가 사용되고, 재를 사용하기 위해서는 '법치 상태'가 필요하다. 반대의 관계도 성립한다. 육체적 향락 능력, 재산의 보호는 재산을 가진 사람에게만 의미 있고, 이 관계는 또한 개인의 사회생활에 매우 중요한 의미를 갖는다. 왜냐하면 개인이 사회 질서에 관심을 갖는 것은 자신의 사적 소유에 의해 제약되기 때문이다. 아무것도 잃을 것이 없는 가난한 사람이 국가나 법률에 대한 의식을 결여하는 까닭은 이러한 보충 관계가 없기 때문이다.

가치의 고저 관계와 강약 관계

가치 연구에서는 가치의 서열이 중요한데, 가치의 등

급을 매기는 데는 가치의 높이만으로는 부족하고, 가치표를 개관하는 것만으로도 부족하다. 가치표의 법칙이 새로운 빛을 던져 줄 가능성이 여전히 남아 있다.

가치의 등급과 관련해서 우선 생각나는 것은 성층 법칙이다. 엄밀히 말해 가치 요소의 성층에는 이미 일종의 서열이 있다. 그러나 이것이 가치의 높이인지는 의문이다. 왜냐하면 성층 관계는 실질에서 복잡도의 차이를 보여 줄 뿐이기 때문이다. 복잡도와 가치의 높이는 같은 것이 아니다. 따라서 성층 법칙으로 가치의 등급을 정할 수는 없다. 반대로 토대 관계가 모든 가치를 관통한다면, 가치서열을 정하는 데 큰 지침이 될 것이다. 토대 관계에서는 토대 위에 선 가치가 분명히 높기 때문이다. 그러나 이 관계는 연속성이 없다. 넓은 가치 영역에서 오직 재가치와 사태가치에 대한 관계에서만 도덕적 가치가 성립한다. 더구나 여기서는 높이의 차가 현저해서 가치감정만으로도 충분히 가치의 높이를 드러낼 수 있다.

일반적으로 보면 가치는 종합에 의해 높이가 드러난다. 이것은 아리스토텔레스의 덕론에서 밝혀진 사실이다. 이로부터 모든 가치종합에는 가치상승이라는 일종의 법칙성이 성립한다. 그런데 여기서 종합은 반가치-반가치 대립의 종합이다. 이것은 성층 관계에서 말한 것과 모순

된다. 여기서 가치의 높이를 정하는 제2의 규정 요소로서 가치의 강약 원리가 있다.

이와 같이 가치의 높이와 강도가 일치한다면, 계산은 간단하다. 그러나 양자는 일치하지 않는다. 그렇기 때문에 가치의 높이와 강도의 관계를 이론적 보편성에서 가능한 한에서 철저하게 추궁해 봐야 한다. 고저의 법칙과 강약의 법칙은 가치표에서 추측되는 것보다 훨씬 더 보편적인 범주적 근본 법칙이다. 이 법칙은 존재론적으로 모든 이념적 존재와 현실적 존재를 지배하고, 거기서 다시금 가치세계에 개입해 새로운 의미를 획득한다. 그리하여 이 법칙이 가치세계에 들어와서 어떻게 재현되고 변모하며, 새로운 법칙이 되는지를 규명해야 할 필요가 있다. 이때 문제가 되는 것은 다음과 같은 세 가지 법칙이다.

(1) 강약의 법칙: 높은 원리는 낮은 원리에 의존하지만, 그 반대는 성립하지 않는다. 따라서 높은 원리는 언제나 의존적이고 제약된다. 이러한 의미에서 높은 원리는 약한 원리다. 그러나 낮은 원리는 무제약적이고 기초적이다. 이러한 의미에서 낮은 원리는 강한 원리다.

(2) 실질의 법칙: 낮은 원리는 그 위에 서는 보다 높은 원리에 대해 단지 실질일 뿐이다. 그러나 낮은 원리가 더

강한 원리다. 따라서 보다 약한 원리가 보다 강한 원리에 의존하지만, 보다 높은 원리에 의해 형성되는 범위는 실질의 규정성과 독자성에 의해 제약된다.

(3) 자유의 법칙: 높은 원리는 낮은 원리에 비해 어디까지나 낮은 원리 위에 올려놓은 새로운 형태의 형성이다. 따라서 높은 원리는 보다 낮은 (실질적이고 보다 강한) 규정성의 위층에서 무제한적인 자유의 여지를 가지고 있다. 다시 말해 높은 원리는 보다 낮은 원리에 의존하면서도 보다 낮은 원리로부터 자유롭다.

(1)의 법칙은 그 지배적 위치에서 보면 범주적 근본 법칙 일반이고, (2)와 (3)의 법칙은 (1)의 법칙에 대한 제약을 의미한다. 도덕적 가치의 영역에서도 이러한 이중의 관계가 재현된다. 왜냐하면 여기서 개별적인 모든 가치는 특정한 재가치를 토대로 성립하기 때문이다. 토대 위에서 성립하는 가치의 높이가 토대가 되는 가치의 높이에 반드시 비례하는 것은 아니다. 그러나 한 가치의 강약과 다른 가치의 강약 사이에는 일정한 비례 관계가 성립한다.

제3부
의지 자유의 문제: 도덕 형이상학

제1장 비판적 예비 문제

문제의 연결

가치표는 윤리 문제의 절반에 불과하다. 다른 절반은 도덕적 행위의 형이상학이고, 그 중심에 의지 자유의 문제가 있다.

도덕은 가치 그 자체에서 성립하는 것이 아니라 인간이 가치를 실현해 갈 때 성립한다. 이 가치의 실현은 오직 인간의 태도에 달려 있기 때문에 가치 문제 외에 또 다른 문제가 우리 앞에 나타난다. 그것은 인간에게서 무엇이 가치에 대한 그의 태도를 결정하는가 하는 문제다.

그것은 가치관조나 가치감정이 아니다. 그것은 가치를 파악하는 작용이 아니라 파악한 가치에 대한 태도를 결정하는 작용이다. 가치에 대한 태도 결정이 가치파악과 함께 이루어지는 것이라면, "덕이 곧 지"라는 소크라테스의 명제가 성립한다. 그러나 지는 아직 덕이 아니다. 인간이 받아들인 가치가 직접적으로 태도를 결정하기도 한다. 다시 말해 가치가 파악되었을 때 우리는 가치에 찬성하고 비가치에 반대하는 태도를 취한다. 하지만 태도를 결정하는 이 계기는 많은 계기들 중의 하나일 뿐이지, 근본적인 계기는 아니다. 그렇다면 인간이 받아들인 가치에 찬성하건 반대하건 간에 결정할 능력이 있는 인간의 실제적인 태도에 방향을 제시하는 것은 무엇인가?

인간의 경우에 그것은 '자유의지(freien Willen)'라고 부르는 것이다. 이러한 의미에서 도덕적 가치가 본질적으로 의지의 자유에 관계한다는 명제가 이해된다. 이 명제는 도덕적 가치가 어떤 방식으로든 그러한 결정적 사례를 함께 의미하는 작용에서만 나타난다는 것을 말한다. 도덕적 가치와 비가치의 특성은 그것이 인간의 인격에 귀속되며, 인격의 공과와 책임을 묻게 된다는 점에 있다. 인격은 단순히 가치(또는 비가치)를 띨 뿐만 아니라 가치 실현의 성패를 좌우하는 장본인이다. 사람들은 이 장본인이라는 말을 사뭇 오해하고 있는데, 옳지 않은 일을 하는 사람이 또한 옳은 일도 할 수 있다. 다시 말해 바르게 행동하는 사람이나 진실을 말하는 사람은 달리 행동할 수도 있었다고 생각되는 한에서만 올바른 사람이고, 신실한 사람이다.

여기서 문제는 자유 문제로 귀착된다. 자유 문제는 당위의 형이상학에 속한다. 가치는 본질적으로 범주처럼 실재를 직접 결정하는 것이 아니라 다만 존재 당위를 표현할 따름이다. 존재 당위는 실재하는 것이 마땅히 있어야만 하는 것과 일치하지 않을 때 현실화된다. 가치는 존재론적 법칙(범주)처럼 불가항력적으로 모든 실재를 복종시키고 일괄하는 것이 아니다. 가치의 이념적 존재 당위도 가치의 실현과 상관없이 존립한다. 이념적 존재 당위는 스스로를 관철하는 현실적인 힘이 없다. 당위의 요구를 파악하고 이 요구를 위해 헌신하는 존재자(인간)가 나타날 때, 비로소 당위의 법칙은 현실적인 것 속으로 침투해 들어온다.

자유 문제의 역사적 발전

자유 문제를 처음으로 분명하게 제기한 것은 칸트 철학이다. 칸트의 '제3이율배반'은 철학적 윤리학의 역사에서 획기적인 것이다. 칸트 이후 자유 문제에는 아무 진보가 없었다 해도 과언이 아니다. 칸트의 출발점이 곧 우리의 출발점이기도 하다.

고대 윤리학은 의지의 자유를 놀라울 만큼 가볍게 다루었다. 그들은 자유 문제를 자명한 기정사실로 인정하고 있었고, 자유 없이는 한걸음도 움직일 수 없다는 것, 도덕적 성질, 덕, 찬성과 반대 등의 의식이 자유를 포함한다는 사실을 정당하게 느끼고 있었다. 그래서 그들도 인간을 자유라고 봤지만, 자유의 존재를 증명하지는 못했다. 예를 들어 플라톤은 신화적 방식으로 선택의 자유를 선언했고, 아리스토텔레스는 선을 알고 유덕한 것이 무엇인지 아는 것이 곧 인간의 자유라고 봤다. 그러나 자유 문제 자체를 깊이 생각하지는 못했다. 스토아학파는 좀 더 깊이 파고들어 행하거나 행하지 않을 것을 자기 스스로 결정하는 것을 자유의 의미로 파악했다. 이러한 자유의 개념에는 '내적 동의'라는 의미와 함께 '정욕으로부터 자유' 또는 '자연', 즉 세계 로고스에 대한 복종이라는 의미에서 자유라는 개념도 발견된다. 플로티노스도 이러한 자유의 관념에 얽매여 있었다.

교부철학과 스콜라철학에서 자유 문제는 좀 더 깊어졌다. 그러나 여기서 문제 삼는 것은 도덕적 자유가 아니라 종교적 자유, 즉 신에 대한 자유다. 전지전능한 신이 지배하는 곳에 인간의 자율이 들어설 여지가 있을까? 이것은 윤리의 문제가 아니다.

근세로 접어들면서 신의 섭리와 인간의 자기규정을 대립시켜 보았던 [중세의] 종교적 이율배반이 자연적 필연성과 인간의 의지 자유를 대립시키는 윤리적 이율배반으로 대체된다. 스피노자는 이러한 과도기에 산 사람이다. 따라서 스피노자에게는 신의 인격적 성질이 없어지고, 신과 자연의 구별이 불가능해져 "신이 곧 자연"이다. 신의 목적론적 의도가 인간을 마비시키지 않았기 때문에 인간의 자유는 다만 [자연의] 맹목적 인과율과 맞서게 되었다. 나아가 인과법칙의 보편적 규정은 사람의 내면세계, 즉 의식과 의지마저도 관통한다. 이 우주론적인 동시에 심리학적인 결정론이 마침내 윤리적 자유 문제를 선언할 만큼 그 시기가 성숙했다.

이제 맹목적 자연 규정과 인간적 자유의 이율배반을 순수하게 파악하기 위해서는 자유 문제를 애매한 범신론의 속박에서 풀어 놓기만 하면 된다. 이 분리를 성취한 것이 칸트의 제3이율배반이다. 칸트에게서 신 개념은 가장 완전한 존재자에서 '순수 이성의 이념'으로 격하되었다. 그리하여 신 개념 자체가 극도로 의심스러운 존재가 되었다. 이제야 도덕의식은 자유를 요구하게 되었고, 신의 전능한 섭리에 맞서 자신을 옹호할 필요가 없게 되었다. 되레 신이 도덕의식을 근거로 증명을 받게 되었다.

칸트의 자유 이율배반

칸트의 이율배반에서는 신의 섭리와 예정 등에 관해 이야기하지 않고, 순전히 인과율과 자유의 대립, 칸트의 용어를 빌려 '자연의 인과율'과 '자유에서 인과율'의 대립에 관해서만 논의된다.

자유 인과성이라는 표현은 칸트의 문제를 파악하는 데

매우 중요하다. 그는 자유를 일반적인 인과 연쇄에서 떼어 놓으려는 것이 아니라 제1원인으로 문제 삼는다. 제1원인이란 그 자체에는 선행하는 어떤 원인도 없으면서 전진적으로 일어나는 결과를 갖는 인과 연쇄 가운데 적극적으로 진입해 가는 것을 말한다. 여기서 문제가 되는 자유는 인과 연관 속에서 스스로를 원인이라 보는 형식을 취한다. 그리하여 칸트는 이 자유를 무엇이 생겨나는 인과성이라 부르면서, 그 원인이 선행하는 다른 원인에 의해 필연적으로 결정되는 것이 아니라 자연법칙적으로 진행되는 현상이 스스로 개시하는 절대적 자발성의 원인이라 불렀다.

칸트는 이러한 능력이 어떻게 가능한지 묻지 않는다. 왜냐하면 우리는 하나의 현존재에 의해 다른 현존재가 어떻게 규정되는지 결코 파악할 수 없기 때문이다. 따라서 자유의 아포리아는 비합리적인 것에서 성립하는 것이 아니다. 물론 자유는 인과성의 범주와 함께 비합리성을 공유하지만, 결국 어떤 원리도 '제1의' 원리가 될 수 없다는 인과법칙에 대한 이율배반적 관계에서 성립한다.

이 이율배반이 사실의 본질 속에 있다는 것은 반정립 증명에서 상세하게 논술된다. "자유(자연법칙에 대한 독립)는 강제로부터 해방인데, 그것은 모든 규칙의 지도에서 해방되는 것을 말한다. 왜냐하면 자연법칙 대신에 자유의 법칙이 세계 과정의 인과성 속으로 개입한다고 말할 수는 없는데, 자유가 법칙에 의해 규정된다면, 그것은 자유가 아니고 그 자체 자연에 불과할 것이기 때문이다." 말하자면 제1원인이 개입한 이후의 과정은 자연법칙에 따라 인과적으로 무한히 계속되더라도 개입 그 자체, 즉 계열의 시초는 자연법칙을 벗어나는 것, 자연법칙에서 볼 때 무법칙적인 것이다. 그러나 이러한 것은 있을 수 없다. 무법칙은 무규칙인데, 계열의 시초는 이미 그 계열의 규정성을 지니고 있고, 이 규정성은 후속하는 인과 계열에 자신을 부여하기 때문이다. 따라서 문제는, 이 규정성 자체가 인과적 규정이 아니라면 그것을 어떻게 이해해야 할 것인가 하는 점이다.

자유의 개념 파악에서 오류

의시 자유의 형이상학적 증명을 시도한 학설은 무수히 많지만, 문제를 충분히 파악한 이론은 그다지 많지 않다. 이 이론들은 증명 과정이나 그 전제에서 자의적이고, [자유를] 과다하게 또는 과소하게 증명했다. 아니, 자유의 개념 자체를 확립하지도 못했고, 자기 이론에 유리하도록 전제를 끌어다 쓴 것에 불과하다. 이들의 학설에서는 다음과 같은 세 가지 오류가 나타난다.

첫째로 도덕적 가치의 전제가 되어야 하는 의지의 자유를 오해해서, 외적으로 비슷한 것을 의지의 자유라고 생각한다. 윤리의 문제 영역에는 의지의 자유 외에 다른 자유도 있다. 따라서 이것을 증명했다 하더라도 그것은 다른 자유를 증명한 셈이다. 이것은 '논점 일탈의 오류'다.

둘째로 처음에는 자유 개념을 올바로 파악했다 하더라도 나중에 올바른 개념을 잊어버리는 수가 있다. 이것은 사람들이 자유의 개념을 형이상학적이거나 심리학적으로 포장해서 본래 자유의 개념에 속하지 않는 것을 자유라고 잘못 알고 그 개념을 끌어다 붙이기 때문에 일어나는 오류다. 이것은 환상에서 나온 결론이고, 그 자체가 환상이다. 이것은 '부당 전제의 오류'다.

셋째로 자유의 개념을 올바로 파악하고 비판적으로 처리한 사람이라 하더라도 논증을 그르치는 수가 있다. 이러한 종류의 오류는 대개 논증해야 할 것을 암암리에 전제해 놓고 사이비 논증을 진행하고 있는 것이다. 이것은 일종의 '순환논증'인데, 순환이 완전히 풀리지 않으면 그것은 또한 '선결문제 요구의 오류'에 빠지고 만다.

여기서는 이 세 가지 오류 중에서 첫째 것만 논의하겠다. 둘째와 셋째 오류는 칸트의 자유론을 비판한 후에나 비로소 서술될 수 있을 것이다. 첫째 것에는 여러 가지 심각한 오류들이 속하는데, 그중 하나가 도덕적 자유와 법률적 자유를 혼동한 것이다. 법률적 자유, 정치적 · 시민적 자유는 법률이 명령하고 금지하는 범위 내에서 개인에게 한정된 일정한 활동 영역을 허가하고, 이 영역을 다른 사람이 침범하지 못하도록 보호하는 데서 성립한다. 여기서 직접적으로 명료한 것은 법률에 의해 자유라고 확증받은 것이 의지나 의지의 배후에 있는 결단자가 아니라 다만 인격의 외적 활동이나 폭넓은 생활에 불과하다는 점이다. 그 밖에도 법률적 자유는 '할 수 있음(Können)'을 말하는 것이 아니라 '해도 좋음(Dürfen)'을 말한다. 법률적 자유는 얼마만큼 선택할 수 있는가를 말하는 것이 아니라 법률적으로 얼마만큼 선택해도 좋은가, 즉 개인이 법 앞에서 가지는 권리를 말한다. 해도 좋다는 의미에서 법률적 자유는 법의 규범에 대해서만 성립하는 것이 아니라 강자의 임의적 명령이나 도덕적 가치감정을 통해서도 성립한다. 도덕적 가치는 인간을 위해 나름대로 허용될 수 있는 한계를 설정하고 있다. 그러나 도덕적 가치에서 용인되고 허용되는 것은 의지의 자유다. 의지의 자유는 할 수 있다는 가능의 자유이지, 해도 좋다는 허락의 자유가 아니다. 해도 좋다는 것은 할 수 있다는 자유가 있고 나서야 비로소 현실적 의미를 갖게 된다.

행동의 자유도 종종 의지의 자유와 혼동된다. 행동의 자유에서 문제는 해도 좋다는 허락의 자유가 아니라 할 수 있다는 가능의 자유다. 즉, 행동의 자유는 사람이 자신이 하고자 하는 것을 할 수 있음을 말한다. 행동의 자유는 자기 자신 속에서 행동의 방향까지도 전제한다. 따라서 행동의 자유는 의지 그 자체의 자유가 아니라 '의지 실현의 자유'다.

행동의 자유는 일종의 '외적' 자유다. 하지만 이것만이 유일한 외적 자유는 아니다. 외적 자유도 의지에 관계한다. 외적 자유란 외적 사정의 진행, 형편, 상황이나 사실적 가능성에 속박되어 있지 않은 '해방'을 의미하는데, 이 해방을 불러오는 것은 의지 자체이고, 의지의 결의, 태도, 결정 등에 필요한 것은 도덕적 힘이다.

외적 자유와 반대로 '내적 자유'라는 것도 있다. 이것은 의지가 내적으로 일어나는 심적 과정, 즉 감정, 충동, 동기, 욕정 및 온갖 종류의 심적 노력에 의존하지 않는 것을 말한다. 그러나 내적으로 일어나는 것도 외적 현상과 마찬가지로 철저히 법칙적으로 규정된다. 내면의 심적 상태는 매 순간 우리에게 주어지고, 이것을 우리는 자유롭게 변경할 수 없다. 모든 현실적 의지는 언제나 이미 이러한 상태에서 일어난다. 의지는 처음부터 내면의 심적 상태에서 나오는 것이지, 심적 상태를 떠나 독립해 있는 것이 아니다. 여기서 자유 문제에 대해 외적 사상에서와 같은 결론[법칙적 규정]이 나온다. 내적 사상의 진행에 대한 의지의 자유란 없다.

내적 · 외적 자유에는 또 하나의 공통된 심오한 오류가 숨어 있다. 그것은 부정성의 오류, 즉 비의존성 요구의 오류다. 소극적 자유, 단순히 '무엇으로부터의 자유(Freiheit von etwas)'란 그릇된 자유 개념이다.

이 잘못된 자유 개념이 '선택의 자유' 속에 숨어 있다. 종래에는 선택의 자유가 도덕의식에 가장 끈질기게 붙어 있었다. 의지가 내적 · 외적으로 규정된다면, 의지의 활동 영역은 두 가능성이 나타날 때마다 그것을 결단하는 일에 국한될 것이다. 이러한 결단의 능력마저 의지에 없다면, 이로써 의지의 자유는 완전히 부정되고, 그 대신에 '선택의 자유'가 나타날 것이다. 선택의 자유는 결단 이전에 이미 자신의 입장을 취한다는 점이다. 다시 말해 선택의 자유는 아직 결정하지 않은 의지, 즉 어떻게 결정해야 할지 아직 알지 못하는 의지를 본다. 여기서 '아직 알지 못한다'는 통찰은 옳게 본 것이다. 그러나 문제는 이때 의지가 결단 자체에서 문제 되는 자유의지라고 볼 수 있느냐는 것이다. 이때 의지가 어느 한쪽으로 결말을 내도록 하기 위해서는 다시 하나의 규정 요소가 가담해야 한다. 의지에 이 규정 요소가 없을 때 의지는 선택하지 않는다. 의지가 선택할 때에는 결말을 내는 규정자가 들어와 있어야 한다. 따라서 소극적 선택의 자유란 있을 수 없다. 왜냐하면 선택할 때에는 의지가 이미 규정하고 있기 때문이다. [이러한 의지 없이] 스스로 선택한다는 것은 단지 규정하는 요인을 자기가 모르고 있기 때문에 그런 것이다.

제2장 인과와 자유의 이율배반

칸트적 해결의 의의

의지 자유의 요청이 봉착한 모순은 결정과 자유가 전혀 대립하지 않는 곳에서만 풀릴 수 있다. 그렇다면 도덕적 자유의 의미는 본래 비의존성이나 무규정성, 일반적으로 말해 '그 무엇으로부터의 자유'에 있지 않고, 일종의 고유한(sui generis) 규정성에 있을 것이다. 이러한 관점의 전환에서 특이한 것은 자유가 순전히 소극적이었던 개념에서 적극적인 개념으로 바뀐다는 점이다.

칸트는 세계 과정 전체가 철저히 인과적으로 규정되어 있다는 전제에서 출발한다. 인간도 예외가 아니다. 인간의 행위도 완전히 자연세계에 따른 법칙성 속에 편입되어 있고, 이러한 의미에서 자유롭지 못하다. 인간에게 '소극적 의미의 자유'란 없다. 왜냐하면 소극적 자유란 세계의 인과 연쇄 속에 들어 있는 '공백'을 의미하기 때문이다. 세계 전체의 법칙성에서 볼 때 그러한 공백은 있을 수 없다.

도덕적 자유가 이러한 '소극적 자유'에 있다면, 자유는 부정될 수밖에 없다. 그러나 자유를 '적극적 의미의 자유'로 이해한다면, 다시 말해 자연법칙 외의 적극적인 의지의 법칙, 즉 인과적 세계 과정에는 포함되어 있지 않은 인간의 의지에만 나타나는 결정 요인으로 이해한다면, 사정은 달라진다. 그렇다면 이것은 어떤 조건에서 가능한가? 그것은 분명히 인간이 자연에만 속하지 않고 동시에 별개의 법칙을 가진 제2의 세계에도 속할 때, 칸트의 말을 빌린다면, 인간이 '자연적 존재'인 동시에 '이성적 존재'일 때에만 가능하다. 인간의 의지 속에(말하자면 동기로서) 작용하는 인과적 결정은 폐기되지 않고 그대로 남아 있으면서 여기에 새로운 결정 요인이 다시금 첨가될 따름이다. 이 새로운 요인은 선행하는 원인의 결과가 아니라 인과관계가 없는 다른 세계에서 인과 연쇄 속으로 개입된 것이다.[17] 여기서 '적극적 의미의 자유'가 성립한다. 그것은 [소극적 자유처럼] 결정의 소멸이 아니라 결정의 증가다. 인과 연쇄는 결정의 소멸을 절대로 허용하지 않는다.

자연과 그 인과 연쇄는 현상에 불과하고, 그 배후에는 현상하지 않는 예지적 세계가 있다는 것, [이성이] 적극적 자유를 가지고 현상계로 개입한다는 것은 모두 전적으로 형이상학적 구성에 지나지 않는다. [칸트에게] 이 형이상학적 구성의 전반부는 범주의 주관성과 의식 일반에 기초

---

17) 이를 칸트는 현상계 안으로 예지계가 개입한 것이라고 해석한다.

한 '관념론의 명제'이고, 후반부는 도덕법칙을 '이성'의 자율로 보는 윤리적 합리론으로 귀결된다. 여기서 예지적 세계란 실천이성이 이론이성에 대해 우위를 점하는 한에서 이성 그 자체를 말한다.

이러한 관념론적 장식을 벗겨 내면, 칸트의 자유론에서 중요한 부분으로 남는 것은 인과 연쇄의 범주적 파악과 세계의 이중성이라는 두 요소뿐이다. 칸트에게 세계의 이중성은 현상과 물 자체라는 형식으로 되어 있고, '자연인'과 '이성인'이라는 인간의 이중성, 즉 경험적 성격과 예지적 성격의 대립으로 나타난다. 그러나 이 모든 형이상학적 규정은 비본질적인 것이다. 본질적인 것은 오직 인간이 처해 있는 하나의 세계에 두 개의 층이 있다는 것, 즉 두 개의 법칙이 있고, 두 개의 결정 방식이 있다는 것이다. 이 두 개의 층이 모두 한 인간에게서 나타난다. 하나의 층이 철저하게 인과적으로 규정된다면, 다른 종류의 규정 요소가 들어오기 위해서는 새로운 제2의 층이 필요할 것이다. 이 제2의 층이 예지적 세계이든 실천적 세계이든, 그 법칙이 이성의 자율이든 아니든, 여기서는 아무 상관이 없다.

다만 우리는 칸트의 자유론에서 다음과 같은 두 가지 적극적 업적을 승인할 수 있겠다. 그 하나는 도덕적 당위 속에 이질적(비인과적)인 규정 요소로서 인과 연쇄 가운데 개입하는 힘이 있다는 사실을 증명한 것이고, 다른 하나는 인과 연쇄의 구조를 파괴하지 않고도 이러한 개입이 가능하다는 사실을 증명한 것이다.

결정론과 비결정론

칸트의 자유 개념에는 의지의 자유를 행동의 자유나 법률적 자유와 혼동한 흔적이 전혀 없다. 그 밖에 종교적 자유와 도덕적 자유의 혼동도 잘 피해 갔다. 더 중요한 것은 내적 자유와 외적 자유의 여지도 남겨 놓지 않았다는 점이다. 선택의 자유라는 애매함도 피해 갔다. 이것이 칸트 이론의 장점이다. 그러나 칸트의 자유론에서 핵심적 의의는 무엇보다도 통속적 자유의 개념을 철학적 자유 개념으로 바꿔 놓은 것이다. '적극적 의미의 자유', '자유에서 시작되는 인과성', '법칙 아래서 자유' 등이 그것이다. 그리하여 칸트의 공적은 참된 윤리적 자유가 소극적인 선택의 자유가 아니라 특수한 법칙 아래 있는 적극적 자유라는 점이고, 이 적극적 자유가 인과법칙에 대해 자율적으로 대립하면서 현실 세계를 지배하는 인과 구조 속에 ─ 인과 구조를 파괴하지 않으면서 ─ 파고든다는 사실을 제시했다는 점이다.

칸트의 입장에서 종래의 학설들을 회고해 보면, 우리

는 여러 가지 오류, 즉 자유 개념에 대한 형이상학적 군더더기에 기인하는 '부당 전제의 오류들'을 발견할 수 있다.

첫째로 윤리적 자연주의 및 심리주의의 오류다. 이 오류는 가장 잘 알려져 있는 것으로, 자연 범주를 보편적 세계 범주로 보는 것이다. 사람들은 물체 세계뿐만 아니라 심적 세계와 정신적 세계까지도 인과율의 지배를 받는 것으로 생각한다. 이와 같이 인과성의 법칙이 의지와 윤리적 현상 전부에 관계한다고 보는 것이 '윤리적 자연주의'다. 윤리적 자연주의는 인과율을 자신이 속한 자연현상의 영역에서 전혀 다른 법칙이 지배하는 새로운 영역에까지 제멋대로 확장해 버렸다. 이것은 범주의 영역 침해라는 과오를 범한 것이다.[18)]

둘째로 비결정론의 오류다. 칸트 이전에는 세계 과정의 일관된 결정론이 자유의 절대적 장애라고 생각했다. 그래서 사람들은 무슨 일이 있더라도 결정론을 분쇄하려고 했다. 그 결과로 사람들은—비록 부분적이지만—일종의 비결정론을 요청하게 되었다. 결정론의 오류는 일관된 결정 자체에 있는 것이 아니라 유일한 결정 형식이 나타내

18) 이에 덧붙여 자연의 유추를 통해 의식에 자신의 '심적 인과율'을 부여하는 인과적 심리주의도 덕성의 범위 전체를 심리 과정에 관련시키고, 따라서 덕성이 간접적으로 인과 연관에 종속된 것으로 본다.

는 일원적 독재에 있다. 자연법칙을 자연에만 제한하고, 정신에는 다른 독특한 정신적 법칙을 허용한다면, 정신은 분명 자연에 비해 자유로울 것이다. 그렇다면 비결정론은 어떤가? 비결정론의 오류는 '우연'에 활동의 여지를 남겨준다는 점이다. 형이상학적 의미에서 우연은 비결정성을 의미하지 않고, 다른 것에 의해 규정되지 않음을 의미할 뿐이다. 따라서 우연한 것은 본래 비결정적인 것이 아니라 다만 모든 존재를 결합하는 통일적이고 전반적인 결정의 연쇄를 끊고 나오는 것이다.

하지만 존재론적 양상 관계에서 볼 때 우연한 현실이란 없다.[19] 이 양상의 법칙 중에 비결정론에 대한 반박이 숨어 있다. 그것은 세계 속에 전반적인 결정이 존립한다는 점을 증명하는 일이다. 도덕적 자유가 소극적 선택의 자유라면, 이로써 자유 문제는 소극적 의미로 결정된다. 칸트 이전의 철학은 자유를 선택의 자유라고 보았기 때문에 자유 문제의 의의도 결정론과 비결정론의 양자택일에 있다고 보았다. 여기서 자연세계의 결정론으로 인해 윤리학은 회의적일 수밖에 없었다. 왜냐하면 자유가 없으면

---

19) 하르트만의 존재론은 필연성을 가능성과 관계시킨다. 관계 양상의 범주는 존재자를 다른 존재자와 결부하는 역할을 하기 때문에 존재론적으로 우연한 현실이란 없다.

도덕적 존재란 순전히 환상적인 것에 불과할 것이기 때문이다. 그러나 칸트는 제2의 이율배반에서 도덕적 자유를 '적극적 의미의 자유' 개념으로 바꿔 놓았고, 이로써 비결정론은 윤리적 요구로서 오류임을 밝혔다. 윤리학에는 비결정론이 불필요하다. 따라서 자유가 비결정성을 의미하고, 적어도 부분적으로나마 비결정적인 세계에서 도덕이 성립할 수 있다는 것은 '부당 전제의 오류'를 범한 것이다.

인과결정론과 목적결정론

우리가 도달한 문제 상황은 매우 역설적이다. 도덕적 자유를 보증해 주는 것으로 보였던 비결정론이 형이상학적으로 잘못일뿐더러 무용지물로 판명되었기 때문이다. 또한 사람들이 가장 두려워했던 인과결정론은 칸트에 의해 전혀 무해한 것으로 밝혀졌다. 오히려 인간의 자유를 파괴하는 것은 오랫동안 철학을 지배해 오면서 무해한 것으로 생각되었던 목적결정론이라는 사실이 폭로되었다. 여기서 우리는 근본적으로 고쳐 배워야 하는데, 그것은 어디까지나 범주적 연관을 철저히 추궁할 때에나 가능한 일이다.

어찌하여 사람들은 의지 자유의 두 가지 결정형[인과결정론과 목적결정론]의 전도된 관계를 기대했을까? 그것은 인과 연쇄가 의지 자유를 전혀 인정하지 않았던 형이상학설, 특히 유물론에 근거하고 있었던 반면에, 자유 개념은 철학에서 대체로 보편적인 목적론적 세계관과 결부되어 있었기 때문이다.

이와 같이 자유의 본질이 목적 활동 자체에 있다면, 목적론적으로 결정된 세계에서는 인간뿐만 아니라 모든 자연물도 자유로워야 할 것이다. 그러나 이것은 자유의 본질이 아니다. 이것은 또한 '적극적 의미의 자유'도 아니다. 목적론은 인과성과 함께 다른 가능한 형태의 존재적 결정이다. 그러나 자유는 단순히 일종의 결정이 아니라 적어도 두 종류의 결정 사이에 있는 특수한 관계, 즉 보다 높은 결정과 보다 낮은 결정이 동일한 현실세계에 공존하고 또한 동일한 실재적인 사상(事象)들에 영향을 미치는 한에서 높은 결정과 낮은 결정 간의 관계다. 보다 낮은 결정 형식에 복종하는 존재자들 중에도 '적극적 의미에서' 자유로운 존재자가 있다. 이 존재자는 보다 높은 결정의 법칙에 복종한다.

인과결정론도, 목적결정론도 세계 구조 전체에 일원적으로 관계한다고 보면, 위에서 말한 것과 똑같은 오류를 범하게 된다. 보편적 인과결정론은 인간을 자연물로 보고 자연의 위치로 격하한다. 보편적 목적결정론은 자연을 목적지향자로 보고 인간의 위치로 격상한다. 이로써 두 결정론은 함께 세계에서 도덕적 존재자의 자유를 무시하고, 나아가 도덕 자체를 부정하고 만다. 두 결정론의 오류는 결정성 자체에 있는 것이 아니라 결정성의 일원론에 있다. 하지만 인과결정론과 목적결정론은 오류의 성질이 다르기 때문에 여기서도 앞서 말한 범주적 의존 법칙에[20] 따라 조정되어야 한다. 왜냐하면 이들 결정형은 분명히 범주적 구조를 가지고 있고, 동일한 세계에서 성층 관계를 이루고 있기 때문이다.

여기서 인과 연쇄는 보다 낮은 결정 형식이고, 목적 연쇄는 보다 높은 결정 형식이다. 이 점은 인과 연쇄의 단순성과 목적 연쇄의 복잡성에서 분명해진다. 목적 연쇄는 더할 나위 없이 보다 충실하고, 보다 긴밀하며, 보다 완결된 의존 형식이다. 인과 연쇄에는 이러한 배타적 태도가 보이지 않는다. 이로부터 다음과 같은 결론이 나온다. 첫

20) 그것은 다음과 같다. (1) 강약의 법칙: 보다 높은 결정 형식은 보다 낮은 결정 형식에 의존한다. 그러나 그 역은 아니다. (2) 실질의 법칙: 보다 낮은 결정 형식은 그 위에 주어지는 보다 높은 결정 형식을 위한 실질 내용이다. (3) 자유의 법칙: 보다 높은 결정 형식은 보다 낮은 결정 형식에 의존하면서도 낮은 결정 형식에 대해 자유다. 이 책 194쪽, '가치의 고저 관계와 강약 관계' 참조.

째로 인과 연쇄는 보다 근원적이고 강한 반면에, 목적 연쇄는 인과 연쇄 위에서 자유를 누린다. 둘째로 목적 연쇄는 인과 연쇄 위에 주어진 새로움으로 인해 인과 연쇄 속으로 침투해 들어가지만, 범주적으로는 '자유'다. 셋째로 일원적 인과결정론[기계론적 세계관]에서는 범주적 근본 법칙이 승인되지만, 자유의 법칙은 침해받는다. 넷째로 일원적 목적결정론[목적론적 세계관]에서는－반대로－자유의 법칙이 지켜지나 범주적 근본 법칙은 침해받는다.

자유의 기초로서 존재론적 법칙성

적극적 자유가 서로 다른 종류인 인과결정형과 목적결정형의 성층 관계에서 가능하다면, 인간은 인과적 결정과 목적적 결정, 존재론적 결정과 가치론적 결정의 싸움터가 되고 말 것이다. 이러한 세계의 근저에는 세계를 관통하고 인간의 에토스에서 발견되는 결정의 형이상학적 이원론이 놓여 있다는 결론이 불가피해 보인다. 이 근본적 이원론을 그대로 둬도 좋은가? 아니면 라이프니츠, 셸링, 헤겔이 그랬듯이 목적론에 우위를 두어야 하는가? 여기서 문제의 핵심은 인과적 결정과 목적적 결정의 이원론이 윤리 문제에서 실제로 최종적으로 파악되는 문제인가 하는 점이다. 이에 대해 우리는 아니라고 대답하지 않을 수 없다. 범주적 분석에서 개시된 존재론적 전망은 도덕적 자유를 새로운 문제 상황으로 인도해 갈 것이다. 우리가 윤리 문제를 넓은 형이상학적 맥락에서 분리해서는 안 된다. 이 형이상학적 맥락은 일반적 범주론에서 전개해야 할 것으로서 윤리학에서 다룰 사항이 아니다. 하지만 우리는 범주적 성층 관계에서 새로운 윤리적 전망도 개시될 것으로 본다.

결정의 이원론을 넘어 훨씬 더 다원적인 존재의 층이 나타난다. 모든 존재층은 자신의 범주 복합체를 지니고 있고, 여기에는 독자적인 결정 형식도 들어 있다. 성층 법칙에 의해 보다 낮은 층의 범주는 보다 높은 층으로 사리를 옮기고, 특별한 새로움 때문에 강화되어 재현된다. 이에 따라 보다 낮은 결정 형식도 자연히 보다 높은 결정 형식 속에서 재현된다. 성층 법칙이 지배하는 곳에서는 어디서나 범주적 근본 법칙(강약의 법칙)과 같은 계열에 있는 법칙들(실질의 법칙과 자유의 법칙)이 타당하다. 이 결정 연관에서는 언제든지 낮은 결정이 강하고 근본적이다. 보다 높은 결정은 약하고 실질적으로 제약받지만, '자유'라는 특징을 지니고 있다. 여기서 보면, 인간의 도덕적 자유도 층에서 층으로 변형되어 등장하는 범주적 자유의 한 특수 사례에 불과하다. 또한 인과의 이율배반에서는 인과 연쇄와 목적 연쇄가 서로 용납될 수 없이 대립하는 것처럼 보인다. 그 이유는 인과 연쇄와 목적 연쇄 사이의 결정 형식이 잘 알려지지 않았기 때문이고, 그 현존재를 반박할 수 없는 다수의 존재층이 또한 생략되어 있기 때문이다.

각층에 편입된 결정 형식은 모두 높은 층이 낮은 층에 의존한다. 높은 층은 낮은 층보다 약하다. 낮은 층은 강하고 근본적이다. 이 점에서 성층에 따른 결정 형식의 범주적 근본 법칙이 충족된다. 이에 따르면 인격도, 목적 활동도 의식 없이 존재하지 않는다. 의식은 유기체 없이 존재하지 않는다. 유기체는 인과적 자연법칙 없이 존재하지 않는다. 인과관계는 수학적 법칙 없이 존재하지 않는다. 수학적 존재는 존재론적인 일차적 근본 관계 없이 존재하지 않는다. 여기서 우리는 인과 연쇄 없이 목적 연쇄가 성립할 수 없고, 자유가 오직 '적극적인 의미'에서만 성립하며, 그것도 낮은 결정이 충족될 때에만 성립하는 이유를 알 수 있을 것이다. 또한 존재론적 법칙은 비결정론이나 목적론적 결정론을 모두 배척하는데, 그 이유는 비결정론이 존재의 연결에 구멍을 뚫어 놓았고, 목적론이 범주적 근본 법칙을 전복시켜 버렸기 때문이다.

존재론적 자유[그것은 '적극적 자유'를 의미한다]는 인간에게만 있는 것이 아니다. 그것은 어느 존재층에나 공통적으로 들어 있다. 다만 그 단계가 다를 뿐인데, 층마다 자유는 그보다 낮은 층에 대해서 존재한다. 동물도 무생물에 대해서 자유롭다. 동물의 자발적 운동과 자극을 받아들이는 것 등에서 자유가 나타난다. 의식은 유기체(생명체)에 대해서 자유롭다. 인간의 의지 결정에 부가되는 자유는 의식이나 동물의 자유와는 다른 자유다. 이처럼 층이 다름에 따라 자유의 차이가 난다는 것이 각 층에 일관하는 특징이다. 그러나 이 차이가 유래하는 범주적 원리는 어디서나 동일하다.

제3장 당위와 자유의 이율배반

칸트의 자유론 비판

인간의 의지가 자연현상보다 더 결정적이라고 칸트가 말한 것은 옳다. '외부로부터 결정되지 않는다'는 비결정론 대신에 의지는 '더욱더 안에서 결정된다'. 그러나 내적 결정은 순전히 윤리적 원리에 따른 것이기 때문에 여기서 부지불식간에 문제의 전향이 일어나 의지의 자유는 결국 원리의 자율이 되고 만다. 칸트에게서 원리는 실천이성에 뿌리박고 있고, 도덕은 이성의 입법에 의해 인정받는다. 이성은 자신이 세운 법칙에 따름으로써 자유인 것이다. 즉, 이성은 자기 자신에 의해 결정된다. 따라서 원리의 자율은 이성 자신의 자율이다.

그러나 이 속에는 많은 임의적 가정이 숨어 있다. 도덕의 원리가 이성에서 나온다는 사실이 그것인데, 이것이 잘못되었음을 우리는 증명했다. 설사 도덕의 원리가 이성에서 나온다 해도, 우리는 '이성의 선험적 자유'를 얻을 뿐이지, 개별 존재로서 '인격'의 자유를 얻지는 못한다. 따라서 우리는 의지의 자유를 얻을 수 없다. 칸트의 의미에서 '이성'은 개별적 이성이 아니다. 이성은 하나의 일반자이고,

개인은 다만 이를 분유하고 있을 뿐이다. 도덕법칙은 '선험적 주관'이나 실천적 '의식 일반'의 원리이지만, 이론적인 '의식 일반'의 12범주와 다른 것이 아니다. 따라서 선험적 자유는 결코 도덕적 인격의 자유가 아니다. 오직 현실적 개인만이 도덕적 인격이 될 수 있다.

자유[칸트에게 자유란 자신의 태도를 능동적으로 결정하는 것을 의미한다]가 개인에게 있지 않고 보편적 '실천이성'에 있다면, 도덕적 책임도 개인이 지지 않고 실천이성이 져야 할 것이다. 여기서 새로운 '부당 전제의 오류'가 생겨난다. 이것은 인과의 이율배반이 해결되는 저편에서 슬그머니 나타났다. 칸트는 의지의 자유를 증명한다고 했지만, 실제로 다른 것을 논증하고 있다는 생각을 하지는 못했다. 칸트가 증명한 것은 의지 자유의 전제 조건으로 중요한 것이지만, 의지의 자유 그 자체는 아니다. 그것은 단지 원리의 자율일 뿐이다.

원리가 자율이라 하더라도 그것은 인간의 책임 능력과는 아무 관계가 없다. 인간은 자유 문제에서 자기 자신에게 얼마만큼 책임 능력이 있는지를 알고 싶은 것이지 '선험적 주관'이 인간에 대해 얼마만큼 책임을 져야 하는지를 알고 싶은 것이 아니다. 자신이 져야 할 개인적 책임이 환상에 불과하다면, 모든 찬양도, 비난도 한꺼번에 그 의미를 잃고 만다.

다음 고찰은 칸트의 오류가 한층 더 깊은 곳에 있음을 보여 준다. 도덕적 의식에는 자율의 원리가 있지만, 이 원리에 따르도록 강제되지는 않는다. 이 원리가 하나의 명법으로 존립하든, 다양한 가치로 존립하든 상관없이 어떤 경우에나 이 원리에서 의식으로 떠오르는 것은 하나의 당위요, 요구다. 칸트에게 도덕법칙은, 자연법칙이 사물을 결정하듯이 의지를 결정하는 것이 아니다. 도덕법칙은 법칙이 아니라 명령이다. 이 말은 인격이 원리의 당위 요구에 속박되어 있지 않다는 것을 의미한다. 인격은 도덕법칙의 명령을 받아들여 따르거나 거부할 수도 있다. 거부한다면, 인격은 자연적인 다른 힘[경향성, 충동, 본능 등]에 의해 결정될 것이다. 의지가 당위에 의해 강요된다면, 그것은 도덕적 의지가 아니고, 도덕적 결단의 책임이 의지에 돌아갈 수도 없다. 의지는 강요되지 않는 한에서만 책임을 질 수 있다. 즉, 의지는 원리에 대해 찬성하거나 거부하는 자유를 지니고 있다. 그리하여 자유는 자연법칙에 대해서뿐만 아니라 당위의 원리에 대해서도 성립해야 한다. 당위와 의욕은 일치하지 않는다. 또한 반드시 대립하는 것도 아니다. 그럼에도 양자 사이에는 이질성이 있다. 당위와 의욕이 대립한다면 그 이질성 때문이다.

이처럼 인과의 이율배반 저편에서 당위와 의욕의 이율배반이 시작된다. 이를 간단히 '당위의 이율배반'이라 부르자. 이로써 자유 문제의 새로운 단계가 시작된다. 의지가 일반적인 존재의 법칙에 대해 자유를 얻는 것만으로는 아직 부족하다. 도덕법칙에 대해서도 의지는 다시금 자유를 얻지 않으면 안 된다. 도덕적 가치는 인격의 인과율로부터의 자유에 관계할 뿐만 아니라 당위로부터의 자유에도 관계한다. 이것이 윤리적 당위의 본질이다. 윤리적 존재 당위 그 자체의 본질 속에 뿌리박고 있는 깊은 비합리성도 이 때문에 생겨난다. 가치의 당위 존재는 인간에 관한 한, 한편으로 도덕적 가치가 요구하듯이 마땅히 절대적이고 불가침의 것이어야 하지만, 다른 한편으로는 동시에 절대적이고 불가침의 것이어서는 안 된다. 도덕적 가치와 관련된 자유는 인과의 이율배반으로서 자유가 아니라 당위의 이율배반으로서 자유다. 이러한 자유를 논증하는 데 존재론적 결정은 자유의 필수 조건이 된다.21)

21) 여기서 위에서 말한 자유 문제를 애매하게 만드는 세 가지 오류(논점 일탈의 오류, 부당 전제의 오류, 선결 문제 요구의 오류) 중에서 마지막 남은 오류, 즉 '선결 문제 요구의 오류'가 해명된다. 이 오류는 자유의 개념에 관한 것이 아니라 이론 자체, 즉 '증명 방식'에 관한 것이다.

새로운 문제 상황

이로써 우리는 의지 자유의 본질이 무엇이고, 이론적으로 요구되는 것이 무엇인지 대체로 말할 수 있게 되었다.

① 인과의 이율배반은 적극적 자유가 아니면 안 된다는 것을 명시한 것이지, 무규정성이나 독자적인 결정을 명시한 것이 아니다.

② 결정하는 자는 주관(따라서 '인격')의 외부에 있는 것이 아니다. 그렇기 때문에 결정하는 자는 가치나 다른 어떤 자율적 원리 속에 있어서도 안 된다.

③ 결정하는 자는 주관 속에 무제한적으로 들어박혀 있는 것이 아니라 오직 의식하는 층에만 들어 있다. 그렇지 않으면 그것은 도덕적 자유가 아니다[피히테의 오류]. 자유는 의식의 저편이나 이편에 있는 것이 아니라 오직 의식 속에만 있다.

④ 결정하는 자는 또한 초개인적 의식, 예를 들어 '실천이성' 속에 있다고 보아서도 안 된다[칸트의 오류]. 그렇지 않으면 그것은 인격의 자유가 아니다. 따라서 의식의 자유라는 칸트의 착상과 개인적 자기 결정이라는 라이프니츠의 착상을 결합할 필요가 있다. 자유는 개인이 지닌 의

식적인 의지의 자유가 아닐 수 없다.

⑤ 자유는 이중적 의미에서 자유여야만 한다. 자연법칙[인과 연쇄와 존재론적 결정]에 대해 자유여야만 하고, 동시에 도덕적 원리와 그 당위의 요구에 대해서도 자유여야만 한다. 그것은 명법에 대한 자유일 수도 있고, 가치에 대한 자유일 수도 있다[당위의 이율배반]. 의지는 이 원리에 대해 자유의 여지를 남겨 두어야 한다. 그리하여 그것은 이 원리에 의해 규정되는 도덕적 의지가 되어야만 한다.

도덕적 자유의 아포리아

자유의 본질 자체에서 요구되는 주요 문제에는 여러 가지가 있겠지만, 이는 다음과 같은 아포리아들로 총괄된다.

제1아포리아: 의지의 자유는 전면적으로 결정된 세계 가운데서 어떻게 성립할 수 있는가? 이 물음은 존재론적 결정(인과 연쇄, 자연법칙)에 관한 것인 만큼 위에서 해결되었다. 하지만 의지의 가치론적 결정도 완전한 세계 결정에 속하는 만큼 이 문제는 아직 해결되지 않았다. 도덕적 자유의 의미는 당위의 이율배반에 의한 도덕적 원리(가치)로부터도 독립적임을 말한다.

제2아포리아: 도덕적 의지로서 의지는 자기가 복종해야 할 원리에 대해 어떻게 자유일 수 있는가? 이것은 의지가 원리에 의해 규정되는 동시에 규정되지 않는다는 말이 아닌가? 이것은 분명히 모순이다. 여기서는 자유의 의미와 함께 도덕적 당위의 의미도 폐기되는 것이 아닌가? 왜냐하면 의지를 규정하려는 경향성에서 자유를 폐기하는 당위는 자기 자신의 본질에서 자유에 대한 관계를 동시에 전제해야만 하기 때문이다. 당위는 자신의 경향성에서 자신을 제약하는 것을 타파한다.

제3아포리아: 제2아포리아가 남김없이 해결된다 하더라도 제1아포리아에는 아직 문제가 남아 있다. 인과의 이율배반은 철저하게 결정된 세계에서 자유가 소극적 자유로서는 불가능하고 오직 적극적 자유로서만 가능하다는 것, 다시 말해 오직 부가되는 결정 요인으로서만 가능하다는 것을 보여 준다. 자유가 도덕적이어야 한다면, 이 결정 요인은 윤리적 원리(도덕법칙, 가치) 안에 있지 않으면 안 된다. 그런데 당위의 이율배반이라는 새로운 문제 상황에서 윤리적 원리에 대해 의지의 자유가 요구되는 것이고 보면, 이로써 부가되는 결정 요인으로서 원리는 다시금 폐기된다. 의지가 원리를 위해 또는 원리에 반해 결정될 수 있다면, 동시에 의지는 분명히 원리에 의해 규정될 수 있을 것이다. 여기서 인과의 이율배반에 의해 해결될 수 있었던 것이 폐기된다. 그리하여 인과의 이율배반 해결이 실패하거나 원리에 대한 자유의 의의가 희박해진다. 당위의 이율배반이 갖는 의의는 인과의 이율배반에 의한 해결과 상충한다. 의지가 윤리적 원리에 의해 결정된다면, 의지는 윤리적 원리에 대해 부자유다. 그러나 의지가 원리에 의해 결정되지 않는다면, 의지는 자연법칙에 대해 부자유다. 따라서 이 두 경우에 의지는 모두 자유 의지가 아니다.

제4아포리아: 다른 방면에서 보면 문제는 다음과 같다. 자유는 어떻게 원리에 대해 적극적 자유일 수 있는가? 이것은 의지가 이럴 수도 있고, 저럴 수도 있다는 것을 의미한다. 이 양자택일은 '소극적 의미의 자유', 즉 소극적인 선택의 자유라는 형식이다. 이러한 자유는 의지의 자유가 아니다. 자유 의지는 무규정적 의지가 아니다. 그런데 선택 이전의 의지는 무규정적 의지다. 그러므로 당위의 이율배반은 자유의 의미를 다시금 '무규정성'으로 되돌려 버림으로써 인과의 이율배반이 해결한 해묵은 불일치 상태로 역행된다.

제5아포리아: 제3, 제4아포리아가 남김없이 풀린다 하더라도 역시 다음과 같은 문제는 남는다. 적극적 자유는 어떻게 개인적일 수 있는가 하는 문제 말이다. 인과의 이율배반이라는 의미에서는 원리에 의한 의지의 결정에서 적극적 자유가 성립한다. 그러나 원리는 가치이든 도덕법칙이든 모두 보편적이다. 하지만 도덕적 자유는 개인적 인격의 자유가 아니면 안 된다. 그렇지 않으면 책임과 죄책은 모두 원리에게로 돌아가지, 개별 인격에게는 돌아가지 않는다. 원리는 자율을 지니고 있다. 하지만 인격은—그것이 도덕적으로 자유인 한—원리의 자율에 무조건 따를 수 없고, 원리를 위해서나 원리에 반해서 결정을 내리지 않으면 안 된다. 그렇다면 인격에서 결정하는 주체는 무엇인가? 그것도 역시 적극적인 것, 더욱이 자율적으로 적극적인 것이어야만 하고, 원리의 자율이어서는 안 된다. 따라서 인격은 도덕적 원리의 자율과 나란히 자기 자신의 개인적 자율을 지니고 있지 않으면 안 된다. 그렇다면 의지의 자유에서 다시금 원리의 자율과 인격의 자율이라는 두 자율의 이율배반이 문제가 된다. 그런데 의지의 자유에서는 동일 의지의 동일 결정이 문제가 된다. 그렇기 때문에 의지의 자유 안에서 두 가지 자율이 어떻게 공존할 수 있을지가 문제다.

제6아포리아: 모든 방면에서 이렇게 모순 대립이 첨예해지면, 마침내 다음과 같은 근본 문제가 중요성을 띠게 된다. 그것은 도대체 원리에 대한 인격의 개인적 자유를 가정하지 않을 수 없도록 강요하는 것이 무엇인가 하는 물음이다. 모든 논의에 앞서 이 물음에 대한 대답은 오직 윤리적 현상이 있을 뿐이라는 것이다. 이 윤리적 현상 말고는 아무것도 없다. 그러나 현상은 아직 아무것도 증명하지 못한다. 현상은 (가장 객관적인 의미에서도) 존재가 아니다. 자유 의식은 아직 존재하는 자유가 아니라 바로 '현상하는' 자유에 불과하다. 현상도 존재론적으로 볼 때 착각일 수 있다. 하지만 단순한 현상으로서 현상은 정당하게 존립하고, 모든 이론은 – 비록 사물의 존재 자체에 관한 것이라 하더라도 – 현상과 일치하지 않으면 안 된다. 그렇다면 우리는 도덕적 의식의 현상에서 도덕적 자유의 존재에 대한 확고한 지반을 어떻게 획득할 수 있을까?

제3의 이율배반

새로운 문제 상황은 제5아포리아에서 잘 드러난다. 지금까지 우리는 자유의지에는 다만 하나의 자율, 즉 오직 한 종류의 윤리적 자기결정만이 있었을 뿐이고, 또한 자유를 증명하기 위해서는 자기결정을 보편적 존재론의 결정 구조 속에 끼워 넣기만 하면 되는 것처럼 생각해 왔다. 그런데 제1의 자율 외에 제2의 자율이 있고, 원리의 자율 외에 인격의 자기결정이 있다. 여기서는 이 새로운 결정 요인이 어떤 종류의 것인지가 문제 된다. 이 새로운 결정 요인도 원리와 같이 당위의 성격을 갖는가, 아니면 자연법칙처럼 필연적으로 결정하는 법칙인가? 전자라면 두 종류의 자율은 구제할 수 없는 모순에 빠질 것이다. 왜냐하면 하나의 동일한 경향성이 나갈 방향을 지시하는 곳에서는 두 종류의 당위가 두 개의 목적을 정립해 두고 서로를 부정할 것이기 때문이다. 후자라면 인격의 결정은 존재론적 결정이 된다. 따라서 이율배반은 다시금 인과의 이율배반이 된다. 그렇다면 존재론적 세계 결정과 도덕적 원리의 자율에 대한 대립에서 인격의 자율은 어떻게 이해되어야 하는가?

종래의 학설들은 모두 이 물음을 간과했고, 따라서 의지 자유를 원칙적으로 잘못 이해했다. 실천이성의 자유, 의식적 의욕에 앞선 근원적 활동이나 의지의 자유, '현상적 자유'의 존재상관자, 형이상학적으로 불변하는 성격, 이 모두는 도덕적 자유가 아니다. 그렇다면 참된 도덕적 자유란 무엇인가? 그것은 한마디로 말해 가치의 자율에 대한 인격의 자율이다. 이 새로운 이율배반은 다음과 같은 세 단계에 따라 설명된다.

① 의지의 결정은 인과의 이율배반에 따르면 윤리적 원리에서 나오지만, 당위의 이율배반에 따르면 그럴 필요

가 없다. 즉, 제2의 이율배반은 제1의 이율배반의 해결이 설정한 의미를 폐기해 버린다. 이 두 이율배반은 동시에 해결될 수 없고 양자택일적이다. 그러나 도덕적 자유의 충분한 의미는 양자가 해결될 때 비로소 생겨난다. 이 모순 속에 제3의 '자유의 이율배반'이 들어 있다.

② 도덕적 자유는 인과의 이율배반에 따르면 '적극적 의미의 자유'일 수 있을 뿐이지만, 당위의 이율배반에 따르면 '소극적 의미의 자유'가 아니면 안 된다. 여기서도 똑같은 상황이 연출된다. 즉 제1의 이율배반에 의한 해결을 가능하게 했던 것이 제2의 이율배반이라는 의미에서는 반박된다. 제2의 보다 높은 의미에서 자유의 성립이 천명되면, 제1의 기본적 의미에서 자유의 성립은 무너진다. 그런데 원리에 대한 자유는 동시에 자연에 대한 자유에 의거하므로, 자연에 대한 자유가 붕괴되면 원리에 대한 자유도 따라서 붕괴된다. 이것은 낮은 층이 보다 높은 층을 부대한다는 범주적 근본 법칙에서 나온 난순한 귀결이다.

③ 의지의 자유는 인과의 이율배반에 따르면 개인적인 것일 수 없지만, 당위의 이율배반에 따르면 개인적 인격의 자유일 수밖에 없다. 그리하여 인격의 자율은 원리의 자율에 대립하고, 제2의 이율배반의 의미는 제1의 이율배반의 해결에 대립한다. 문제 되는 것이 서로 다른 두 종류의

자유라면 아무 모순이 없겠으나, 하나의 유일한 의지 자유가 문제이기 때문에 의지 자유의 의미는 자율의 두 갈래로 분열된다. 보다 높은 인격의 자율은 결코 원리의 자율과 일치하지 않는다. 양자가 일치한다면, 원리가 보편타당하다는 원리적 성격을 박탈당하거나 인격의 책임이 없어질 것이다. 그럼에도 불구하고 도덕적 자유의 의미는 이 두 가지 자율의 종합을 요구한다. 여기서 개별과 보편의 모순은 지극히 내적인 것이다. 이것은 또한 제1의 이율배반에 대한 제2의 이율배반의 모순을 말한다. 이 모순에서 제3의 이율배반이 성립한다.

제4장 윤리적 현상의 증명력

형이상학적 대상의 '증명'에 관해

의지 자유는 형이상학적 대상이다. 무릇 형이상학적 대상은 엄밀한 의미에서 증명할 수도, 부정할 수도 없다. 그러나 문제를 논의할 수는 있다. 다만 졸속한 해결을 기대해서는 안 된다. 의지 자유의 형이상학적 논의에는 언제나 비합리적인 여지가 남아 있다. 우리의 생각이 거기로 접근할수록 비합리성은 더욱 확실해진다. 철학의 임무는 이러한 비합리적인 것의 윤곽을 부각시키는 일이다. 철학은 형이상학적 문제를 '해결'하는 것이 아니라 다룰 뿐이다. 그렇다 하더라도 의문은 여전히 남는다.

형이상학적 대상은 직접 '현상' 속에 나타나지 않는다.

형이상학적 대상과 인식 사이의 영원한 거리는 문제를 다음 두 가지에 본질적으로 한정하는 결과를 가져온다. 첫째로 형이상학적 정황 증거로서 사실의 중요성을 고려하는 것과 마찬가지로 사실을 적극적으로 해명하는 것이다. 둘째로 기존의 연관에 근거한 사상 자체의 존재론적 가능성을 연구하는 것이다. 이 두 방향에서 형이상학의 영역이 충분히 개관되고, 서로 무관하게 연구된 사실과 가능성 사이에 어떤 일치나 부합하는 점이 제시되면, 여기서 제3의 과제, 즉 가설적 정식화가 일어난다.

자유의지의 논증은 가설적 증명이다.

가설적 증명에 가장 유용한 것은 분석적 증명이다. 분석적 증명도 역시 오직 제한된 능력을 가지고 겨우 가설적 확실성에 도달할 뿐이다. 그러나 그 도달 범위는 가장 넓다. 여기서 출발점은 주어진 윤리적 사태다. 윤리적 사태는 실제적이거나 이념적인데, 전자는 자유의 의식을 의미하고, 후자는 도덕원리의 본질[가치]을 의미한다. 이렇듯 주어진 윤리적 사태에서 출발한 자유의지의 가설적 논증은 실재하는 자유의 존재로 소급된다. 이렇게 소급되는 것은 제약되는 것에서 제약하는 것으로 나아가는 추론의 형식을 취한다.

도덕적 판단과 자기규정의 의식

의지 자유에 대한 분석적 논증의 출발점으로는 도덕적 생활의 세 가지 사실, 즉 자기규정의 의식, 책임과 책무, 죄의식이 문제가 된다. 여기에 보충 사실이 두 개 더 덧붙는데, 그것은 도덕적 가치와 자유의 관계, 당위와 의욕의 대립 또는 도덕적 갈등의 본질이다. 이 모든 현상은 가설적으로 증명된다.

여기서 도덕적 판단, 즉 시인하고 부정하는 행위가 의지 자유를 증명하는 출발점으로 될 수 있는 것처럼 보이지만, 그것은 잘못이다. 도덕적 판단에서는 원리의 자율이 나온다. 이렇게 판단을 내리는 한에서 인격은 원리 아래 선다[그러나 원리의 자율은 인격의 자율이 아니다]. 인격적으로 부자유한 사람이라도 원리에 따르는 한에서 그는 도덕적으로 시인하거나 부정할 수 있다. 이때 그의 판단이 옳은가 그른가는 별개의 문제다. 판단은 판단하는 사람이 자유로운 한에서만 객관적으로 의미가 있다. 그 사람이 부자유하다는 것이 밝혀지면, 도덕적 판단은 의미를 잃는다.

자기규정 자체는 결코 현상이 아니다. 그것은 자신을 규정하는 의식에 불과하다. 그러나 이 자기규정의 의식은 모든 인간의 행동뿐만 아니라 심지어 모든 심성과 태도에도 수반된다. 자기규정의 의식은 뿌리 깊은 확신인데, 그러한 한에서 이 확신은 주관적 확신성이라는 성격을 띤다. 여기서 인격적 주관은 의지를 규정하면서 적어도 의식하는 의지 자체 속에 하나의 계기가 있다는 것을 의식한다. 이 주관적 확실성이 그만큼 객관적으로도 확실한 것이라면, 의지 자유는 이미 어떤 증명도 필요로 하지 않을 것이다. 왜냐하면 여기서 의지 자유가 직접 확실하게 증명될 것이기 때문이다. 하지만 우리는 자기규정 속에서 착각이 일어날 가능성을 본다. 이를테면 자기규정 속에서는 아무도 자신의 현실적 '동기'를 통찰하지 못한다. 현실적으로 규정하는 많은 계기들은 무의식적으로 부정되거나 몰이해 상태로 남아 있기 때문이다. 그러다 차후에 반성이 일어나고, 반성에 의해 현존하는 규정 요소가 지적되면, 환상, 즉 자기를 규정하는 저 주관적 확실성은 그만큼 상쇄된다.

저 착각의 가능성은 자기규정의 여지를 없애 버린다. 자기규정의 의식에서 [주관적] 확실성이라는 사실이 허공에 떠 있을 수는 없지 않은가? 모든 사실적인 것은 그렇게 존재해야만 하는 필연적 이유를 지니고 있다. 따라서 모든 사실적인 것은 양상의 법칙과 보편적 결정의 법칙에 따른다. 자기규정의 의식은 일종의 실재하는 윤리적 사실이다. 따라서 이 사실도 또한 실제적인 근거를 지녀야만 한다. 그러나 자기규정의 방식으로는 객관적 확실성에 도달하지 못한다. 왜냐하면 우리는 무엇에 대한 의식에서 무엇의 존재를 추론할 수 없고, 어떤 주어진 실재적 근거에 의해서만 확실하게 추론할 수 있기 때문이다. 자기규정의 의식도 물론 그 근거가 있어야만 한다. 하지만 그 근거가 반드시 존재하는 자기규정일 필요는 없다. 다시 말해 자기규정의 근거는 다른 무엇에 있을 수도 있다.

책임과 책무

책임(Verantwortung)과 책무(Zurechnung)라는 사실은 자기규정의 의식과 밀접하게 관련되어 있으나 서로 별개의 것이다. 이 현상은 인격의 주관적 확신에서 성립할 뿐 아니라 개인이 자기 확신에서 결론을 이끌어 내는 실제적인 도덕적 태도에서도 성립한다. 이 실제적인 태도는 순전히 내면적이지만, 도덕 생활에서는 결정적인 중요성을 지닌다.

도덕 생활에서 개인은 자신의 도덕적 존재를 걸고 자신이 행한 것과 의지한 것에 대해 책임을 진다. 여기서 그는 자연적 경향성에 반하는 부담을 받아들인다. 자유의 논증으로서 책임과 자기 책무의 형이상학적 중요성은 본래 자기규정의 의식에 비해 훨씬 더 클 뿐만 아니라 객관적이고 강제적이다. 여기서 자기규정의 의식 속에서는 잠재적이었던 것, 즉 인격의 자기 자신에 대한 (때로는 자기 자신에 반대하는) 도덕적 태도 결정이 분명한 현상으로서 나타난다. 왜냐하면 도덕적 태도는 어떤 것에 대한 의식이라는 형식을 취하는 것이 아니기 때문이다. 이 태도는 직접 사상 그 자체인 도덕적 생활의 실제적인 모습이다.

스스로 책임을 지고 감당하는 사람은 그럴 능력이 있는 사람이어야만 한다. 이 능력을 규정하는 엄밀한 개념은 도덕적 자유의 개념 외에 다른 것이 아니다. 따라서 인격에 책임 능력이 있다면, 이로부터 도덕적 자유도 필연적으로 주어진다고 우리는 생각하지 않을 수 없다.

책임에는 언제나 두 가지가 귀속된다. 하나는 '책임이 있다(verantwortlich ist)'는 것이고, 다른 하나는 '책임을 진다(vor der sie verantwortlich ist)'는 것이다. 후자는 도덕적 원리[가치]이고, 전자는 원리의 요구를 충족하거나 충족하지 못하는 능력을 지닌 인격이다. 인격이 다만 자연법칙 아래 있듯이 전적으로 원리 아래 있다면, 개인은 원리에 종속될 뿐이고, 따라서 원리에 대한 자율은 없다. 그렇게 되면 개인은 어떤 책임도 지지 못한다. 그러나 원리와 접촉이 없고 가치감정과 요청에 대해 우리가 인지하지 못한다면, 그것은 타율이다. 따라서 그는 아무런 결정도 내릴 수 없다. 인격은 부단히 책임지는 자이고, 책임은 인격적 자율, 즉 자신의 자유에 대한 명백한 징표인 셈이다.

책임을 진다는 것과 유사한 것으로 책임을 묻는다는 것이 있다. 이것도 도덕적 판단과 동일한 것이 아니다. 시인하거나 부정하는 양자택일에 관계없이 책임을 추궁하는 작용이 있다. 아니, 심지어 도덕적으로 신중한 사람처럼 판단을 유보하더라도 책임 추궁은 끝나지 않는다. 어떤 사람이 자기 스스로 감행한 어떤 도덕적 모험을 증언할 때, 책임 추궁 작용은 가장 명백하게 드러난다. 그 도덕적 모험이 선인지 악인지 우리는 아직 모른다. 그러나 공과(功過)를 귀속시켜야 할 대상이 행위자의 인격이라는 것은 잘 알려진 사실이다. 우리는 도덕적 모험이 그의 인격에서 처음으로 유발된 것이라는 점을 선천적으로－반성을 통해서가 아니라 소박하게－알고, 인격이 스스로 책임을 느낀다는 것을 안다. 도덕적 판단도 물론 이러한 책무를 전제하지만, 이러한 책무 위에서 도덕적 판단이 나오는 것은 아니다.

책무는 도덕적 태도를 취하는 것이 아니라 단지 행동이 유발되는 것을 허용할 따름이다. 여기서 책임을 추궁하는 작용 그 자체와 인격의 책무 능력, 인격이 책무에 대해 요구하는 청구가 구별된다. 먼저 책임 추궁은 그 근본 성격에서 개별 주관이 독립적으로 가지고 있는 개인적 작용이 아니라 각 주관에 공통된 상호 주관적 사실이다. 여기서 인격이 행한다는 사실을 파악한 사람이라면, 그는 반드시 그 사람의 인격적 행위에 가치 또는 반가치의 책임을 지울 것이다. 이때 '반드시'는 마땅히 해야만 하는 당위가 아니라 엄밀한 필연성이다. 아무도 이 견해를 거부할 수 없다. 다음으로 인격의 책무 능력은 책임을 지는 인격에서 책임을 추궁하는 작용과 일치한다. 이것은 '도덕적 자유' 외에 다른 것이 아니다. 도덕적 자유는 또한 말의 엄밀한 의미에서 의지 자유다. 끝으로 인격이 책무에 대해 요구하는 청구는 인격이 책임지는 것의 승인을 말한다. 이로써 우리는 자신이 져야 할 책임 부담 능력을 인정하게 된다. 이 책임 부담 능력의 인정은 곧 그 자신의 인격이 지닌 근본 가치를 인정하는 것이고, 자신의 자유가치를 인정하는 것이다.

죄의식

죄의식 현상은 본래 특별한 논증거리가 되지 않는다. 이것은 책임 및 책무와 매우 유사한 현상의 복합체다. 죄의식에서 나오는 결론은 책임의식에서 나오는 결론과 같을 수밖에 없다. 그러나 귀결되는 내용에 있는 확실성의 정도에 차이가 있다. 그래서 책임의식과 죄의식은 구별된다.

죄의식은 책임의식보다 특별한 무엇을 지니고 있다. 어떤 도덕적 작용에도 책임은 따른다. 책임은 도덕적으로 행동하기 전에 주어지고, 행동한 후에는 인격이 책임지고 보증한다. 하지만 죄의식은 결과로만 존재하고, 도덕적 위반에서 비로소 발생한다. 이 위반을 외적 행위에서 보는가, 한쪽으로 기운 심성의 경향성에서 보는가는 문제가 되지 않는다.

죄를 지었다는 느낌은 결코 예견되는 것이 아니고 극히 현실적으로 감각된다. 인간에게 죄는 마치 운명처럼 엄습해 온다. 우리는 죄를 예감하지 못한다. 죄는 문득 나에게 다가와 나를 심판하고, 부정하고, 압도한다. 그러나 우리는 갑자기 닥쳐오는 죄를 외적인 것으로 느끼지 않는다. 인간 자신의 내부에는 죄에 반론을 펼치는 어떤 힘이 들어 있다. 우리는 누구나 이 현상을 '양심의 소리'로 알고 있고, 양심에서 일어나는 자신의 도덕적 태도는 '후회'로 알고 있다. 양심과 후회는 윤리적으로 근본적인 것이고, 반성과는 무관한 현상이다. 그것은 윤리적 반가치가 느껴지자마자 내적 필연성을 가지고 행동에 따라 나온다. 이 필연성과 불가피성으로 인해 죄의식을 책임 및 책무와 전혀 다른 자기규정의 증명이라 보더라도 아무 손색이 없다.

이 죄의식 현상의 형이상학적 의의는 현실적인 자기규정과의 관계에 있다. 왜냐하면 '죄'는 지은 사람이 스스로 만들어 낸 것이기 때문이다. 더욱이 죄는 사람의 위나 뒤에서 인격을 끌어 주는 어떤 힘이 아니라 인격 자신이 유발한 것이다. 따라서 죄의식은 인격의 자기규정에 일의적으로 관계한다. 고발하는 양심은 죄의식을 유발자의 의식과 종합한 것이고, 가치에 위배되었다는 의식과 종합한 것이다. 이 종합에서 우리는 분명히 모순과 갈등을 느낀다. 자기 스스로 유발한 것이 가치에 어긋났다는 것, 즉 자기 자신의 도덕적 존재를 실천하기 위한 것으로 고백하는 동시에 비난한다는 것, 따라서 자기 자신을 찬성하는 동시에 반박한다는 것은 분명히 인격의 자기감정에 대립된다.

죄의식이라는 사실적 복합에서 자기규정의 의식을 논증하는 것은 책임과 책무에서 논증하는 것보다 훨씬 더 강하다. 자기 스스로 죄를 인정하는 것과 죄를 짓는 의지는 역설적이다. 이 두 현상에서 인격의 깊은 형이상학적 본질은 침해받지 않으면서 가치가 손상받기 쉬운 경험적 인격에는 반대로 나타난다. 그리하여 경험적으로 행동하고 잘못을 범하는 인격의 배후에 죄의식 현상이 나타나는 것은 바로 인간에게서 나타나는 자유 현상이다.

[여기서 도덕적 가치와 자유의 관계에 관해 알아보자.] 무릇 도덕적 가치는 자유와 관계한다. 그러나 가치와 자유가 일치할 수는 없다. 윤리적 자유는 자연법칙에 대해 자율일 뿐만 아니라 가치의 당위 요구에 대해서도 자율이

다. 따라서 윤리적 자유는 인격가치의 요구에 대해서도 자율이다. 더욱이 가치는 사람의 태도를 무조건 규정하지 않는다. 인격은 가치를 충족하기도 하고, 충족하지 못하기도 한다. 여기에 가치의 본질이 있다. 경험적 인격은 이에 대해 찬성하거나 반대할 자유를 지니고 있다. 이 자유는 가치와는 원칙적으로 다른 것이다.

양심을 가지고 사람을 고발하는 것은 그 사람의 이념적 에토스가 아니라 실제적 힘이다. 이 힘은 물론 가치의 관점에서 조절되고, 따라서 인격가치의 관점에서도 조절된다. 하지만 힘 그 자체와 인격가치가 일치하는 것은 아니다. 이 힘은 가치의 요구를 옹호하는 인간에게 있는 현실적 법정이다. 고발을 당하는 것도 역시 인간에게는 현실적인 것이다.

위에서 서술한 세 가지 사실군[자기규정의 의식, 책임과 책무, 죄의식]은 자유 문제를 풀어내는 데 핵심적이다. 그러나 이 사실군이 여기서 우리가 추론할 수 있는 유일한 사실은 아니다. 윤리적 현실에는 다른 많은 현상들[예를 들어 도덕적 감정과 행복의 관계]이 있다. 이 현상들도 자유와 특정한 관계를 가지고 있고, 따라서 자유를 논증하는 데 약간의 중요성을 띤다. 그러나 이 현상들은 중심적인 것이 아니어서 여기서는 더 이상 논의하지 않겠다.

당위와 의욕

표상(사고)과 대상(존재)의 전면적 일치를 설정하는 것이 인식에서 바람직한 일이듯이, 당위와 의욕이 전면적인 내용상 일치를 이루게 하는 데 인간에 대한 윤리적 요구의 의의가 있다. [이론]인식에서는 표상이 실제적인 사상과 부합해야만 하듯이, 윤리적 요구에서는 자기 자신을 가치의 이념적 존재와 적합하게 만들어 가는 것이 현실적인 인격적 의지의 과제다. 여기서는 이념적인 것이 현실적인 것의 지침이 되어야 한다.

그런데 이론적으로 요구되는 [표상과 대상의] 일치에 못지않게 윤리적으로 요구되는 [당위와 의욕의] 일치도 있다. 의지는 마땅히 있어야만 하는 것처럼 있는 것이 아니고, 하물며 완전한 것도 아니다. 모든 의욕이 순수하게 당위에 의해서만 결정된다면 인간은 완전할 것이고, 도덕적 요구의 실현도 자신보다 앞서 일어나는 것이 아니라 자신의 뒤에서 일어날 것이다. 그렇지 못하기 때문에 인간에게는 도덕적 요구의 실현, 그것도 실현되어야만 한다는 존재 당위가 부과된다. 이것은 우리의 윤리적 삶에서 당위와 의욕이 내용적으로 불일치함을 보여 준다.

이렇게 당위와 의욕이 일치하지 않으면, 다시 말해 당

위와 의욕의 분열에 당면해서는 그 배후에 어떤 이원성이 숨어 있는가 하는 의문을 우리는 갖게 된다. 실제적인 의지—그것은 도덕적으로 순수한 의지가 아니다—는 한편으로 도덕적 가치의 의미에서 규정되지만, 다른 한편으로는 전혀 다른 요인, 즉 외적 · 내적(심리적) 부자유의 의미에서 결정되기 때문이다. 이 부자유가 현존한다는 것은 의심할 수 없는 사실이다. 경험적 의지는 언제나 외적 · 내적 상황에 의해 인과적으로 규정된다. 이 인과적 결정 복합체에 가치 결정이 개입하게 되면, 가치 요인과 인과 요인 간의 이질성에서 근본적으로 당위와 의욕의 괴리가 나타난다. 가치는 당위의 의미에서 의지를 규정하는데, 인과 요소는 다른 방향으로 규정해서 가치의 지배를 방해한다.

그렇다면 이 당위와 의욕의 괴리에는 어떤 대립이 있는가? 그것은 분명히 당위와 존재의 보다 일반적인 대립이다. 경험적 의지에서 가치론적 법칙과 존재론적 법칙이 마주친다. 존재론적 법칙성은 모든 자연적 '경향성', 즉 모든 정서와 충동 속에서 발견되고, 가치론적 법칙성은 가치 감정의 참견에서 발견된다. 이것은 이미 인과 이율배반에서 마주친 문제 아닌가? 따라서 당위와 의욕이 대립하는 근저에는 당위와 존재의 이율배반을 능가하는 그 무엇이 있는 것이 틀림없다.

모든 도덕적 갈등은 자연의 경향성과 가치의 경향성 간에 있는 대립으로 귀착되기 쉽다. 이러한 생각은 칸트의 '의무와 경향성'의 대립에서 이미 우리에게 잘 알려진 사실이다. 그러나 가치표를 보면 전혀 다른 새로운 갈등이 눈에 띈다. 가치들 상호 간에 이미 대립이 보이고, 이 대립이 날카로운 이율배반적 성격으로까지 고양되는 것을 본다. 그런데 모든 가치 이율배반에는 대립을 종합하려는 경향이 있다. 적어도 가치의식은 어디서나 '가치종합'을 찾는다. 그러나 이 종합은 아무렇게나 일어나는 것이 아니다. 하물며 일상생활을 통해 실천적으로 성취될 수 있는 것도 아니다. 따라서 우리는 가치의 갈등을 받아들여 발의(發意)를 통해 결단하는 수밖에 없다. 그러나 이 결단은 필연적으로 가치를 성취하는 것이거나 가치를 훼손하는 것이다. 왜냐하면 결단은 오직 한쪽 방향으로만 내릴 수 있고, 양쪽 방향으로 동시에 내릴 수는 없기 때문이다. 우리가 구체적인 경우에 가치갈등에 마주치게 되면 반드시 어느 한쪽에 빚을 지게 된다. 이것은 우리가 가치갈등에서 빠져나오려고 스스로 발의한 결단에 의해 생겨난 것이다.

이것은 도덕적으로 나쁜 짓을 하는 사람에게도 예외가

아니다. 예를 들어 도둑질은 물적 재산의 소유를 의지하는 것인데, 이때 재산은 재가치이고, 소유는 사태가치다. 재산이 가치가 아니라면 누가 도둑질을 하겠는가? 하지만 도둑질이 선이 되지 않는 까닭은 보다 높은 가치가 손상되었기 때문이다. 여기서 우리는 경험적 가치갈등이 있다는 것을 알지만, 이것을 가치갈등으로 보지 않는 것은 가치의 차이가 너무 크기 때문이다. 그러나 의무와 경향성이 대립하는 배후에 가치 간의 대립이 있다는 것은 재가치를 크게 하고 손상되는 도덕적 가치를 작게 해 보면 분명하게 드러난다.

이렇게 생각해 보면 존재(자연 결정)와 당위(가치 결정)의 대립은 부수적인 것에 불과하고, 이러한 존재와 당위의 대립을 넘어 당위와 당위의 대립이 따로 있다는 것을 알 수 있다. 가치는 각기 특유의 존재 당위(Seinsollen)를 가지고 있기 때문에, 모든 갈등, 즉 가치와 가치의 (상황에 제약된) 경험적 대립 속에는 ― 아무리 사소한 것이라도 ― 말소될 수 없는 당위의 갈등이 숨어 있다. 이로써 당위와 의욕의 대립이 의미를 지닌다. 도덕적 갈등은 존재와 윤리적 성질 간에 일어나는 것이 아니라 윤리적인 것 상호 간에 일어난다. 의욕을 당위된 것에서 벗어나게 하는 것 자체가 하나의 당위다. 왜냐하면 가치는 다수인데, 생활 상황은 그 속에서 관련된 가치들을 동시에 모두 정당화할 수 있도록 되어 있는 것이 아니기 때문이다.

여기서 당위와 의욕의 관계－따라서 인격의 자유라는 문제－가 빛을 발하게 된다. 더욱이 가치표가 보편적 가치뿐만 아니라 오직 한 사람에게만 절실한 당위 존재를 가지는 그러한 가치도 포함한다는 사실을 고려할 때, 당위와 의욕의 관계는 좀 더 뚜렷해진다. 인격가치라는 것도 있다. 인격가치가 인간적 행동의 목적이 되는 것은 아니지만, 행동에서 인격가치는 선택적 발언권을 가진다. 결단이나 태도 결정이 문제가 될 때에 인격가치는 중요한 역할을 한다. 예를 들어 의욕이 당위된 것과 대립할 때, 그것은 옳지 않은 것처럼 보인다. 단순한 경향성, 충동, 정욕이 당위된 것에 반발할 때도 그것은 옳지 않다. 그러나 인격가치가 의욕에 선택적으로 개입하게 되면, 사정은 달라진다. 인격가치는 가치의 종류로 볼 때 모두 '보다 높은 가치'다. 여기서 의욕은 모두 인격가치의 방향에 서고, 당위와 의욕의 갈등은 자연히 의욕에 유리하게 기운다.

여기서 인간 존재란 언제나 '개인'이다. 이것은 윤리 문제에서 근본적인 중점이 초인간적인 보편에서 개인으로 이동했음을 의미한다. 종래의 윤리학은 개인이 초인간적인 보편 속으로 복귀해야만 비로소 그 순수성과 자유를 얻을 수 있다고 생각했다. 이와 같이 보편적 당위만 있다면, 개인은 전체에 종속된 한갓 '수단'에 불과할 것이고, 따라서 당위와 의욕 간에는 어떤 갈등도 일어나지 않을 것이다. 하지만 당위와 의욕의 갈등은 가치갈등이 순전히 개인의 차원에서 일어나는 것임을 밝혀 준다. 이와 함께 인격적 자유의 근저에 있는 사태가 모습을 드러낸다. 그것은 가치들 간의 도덕적 갈등 속에 의지 자유의 근거가 들어 있다는 점이다. 이 근거 위에서 경험적 의욕은—당위와 대립하고, 심지어 당위를 거스르기조차 하면서—그 자체 당위를 배경으로 가진다. 여기에 자유가 뿌리박고 있다.

그런데도 인격성의 가치와 인격적 자유를 동일시하려는 착각이 일어나는 이유는 무엇인가? 이에 관해 살펴보자.

1) 인격가치는 인격의 이념적 본질 핵심에 불과하지만, 자유 의지는 인격의 실재하는 본질적 핵심이다. 바로 경험적 인격이 자유로워야만 한다. 왜냐하면 경험적 인격의 행동만이 책임을 지고 책무를 다할 것이기 때문이다. 따라서 책임을 져야 할 것은 경험적 인격이지, 인격의 이념이 아니다.

2) 현실적(경험적) 인격은 인격가치에 의해 '강제되지'

않듯이, 보편적 가치에 의해서도 '강제되지' 않는다. 현실적 인격에는 일반적 가치가 없을 수도 있고, 인격성의 가치가 없을 수도 있다. 현실적 인격은 일반적 가치에 대해서도, 인격성의 가치에 대해서도 자유다. 따라서 의지 결단의 적극적이고 규정적인—이러한 의미에서 '선택적'인—원리는 인격가치의 원리일 수 없다. 그렇지 않고 인격이 그 원리에 찬성하거나 반대하는 결정을 내려야 하는 바로 그 원리가 동시에 이 결정에서 결정하는 자라는 것은 배리(背理)다.

3) 인격가치가 인격을 지배하는 데서 성립하는 인격의 자유는 결코 의식의 자유일 수 없다. 따라서 그것은 또한 의식적이고 책임의 능력이 있는 의지의 자유일 수도 없다. 왜냐하면 자기의 인격가치는 직접 의식되는 것이 아니기 때문이다. 이러한 의식이 부차적이고 반성적으로 있다 하더라도 그것은 언제든지 제멋대로 변조될 위험을 지니고 있다.

이상에서 보듯이 인격의 자율은 인격가치의 이념적 자율과 다른 어떤 것이지 않으면 안 된다. 인격의 자율은 가치론적 자율이 아니라 존재론적 자율이다.

여기서 인격의 이념적 자율과 나란히 이에 대립하는 실제적인 자율이 사실적으로 있어야 한다는 점이 밝혀졌다. 뿐만 아니라 인격의 실제적인 자율은 이념적 자율과 같은 의미에서 — 일반적으로 도덕적 가치의 의미에서 — 무조건적으로 전제되어 있다는 사실도 밝혀졌다. 그리하여 자율과 자율이 대립한다. 그것은 (개별적) 인격가치와 보편적 가치의 대립이 아니라 실제적인 인격의 자율과 — 자기의 인격가치까지도 포함한 — 가치 일반의 자율이 대립하는 것이다. 이미 이율배반적으로 정립된 가치실질 일반의 대립에서, 특히 보편적 가치와 개별적 가치의 대립에서 두 가지 자율의 이율배반이 나타났는데, 그 위에 가치 일반과 실제적인 인격의 관계에서 부차적이지만 매우 중요한 두 가지 자율의 이율배반이 포개진 셈이다. 전자가 가치와 가치 사이에 일어나는 동질적 이율배반인 데 반해, 후자는 가치와 가치에 대한 실제적인 태도 사이에서 일어나는 이질적 이율배반이다. 전자와의 관계에서 우리는 도덕적 가치감정을 가치종합에 따라 보지만, 후자와의 관계에서는 전혀 다른 조화, 즉 이념적인 것과 실제적인 것, 순수한 당위와 경험적 의욕 일반의 내용적 동일성에 따라 본다.

제5장 인격적 자유의 존재론적 가능성

인격의 자율과 가치들의 결정성

윤리적 논증에 따르면 인격적 자유는 도덕적 존재의 필연적 구성 부분이다. 그런데 이 필연성은 실제적인 것, 따라서 존재론적 필연성이지 단순한 존재 당위의 필연성이 아니다. 그렇기 때문에 이 필연성은 존재론적 가능성과 손잡고 가지 않으면 안 된다. 왜냐하면 실재하는 현실에서는 가능성과 필연성이 균형을 이루고 있기 때문이다. 따라서 가능성이 있어야만 한다. 다만 이 가능성을 밝힐 수 있을지가 문제다.

이리하여 여기서 중요한 것은 인격적 자유가 가능한지를 묻는 것이 아니라 인격적 자유가 어떻게 가능한지를 묻는 것이다. 이것은 좀 더 어려운 문제다. 그런데 존재론적 가능성은 논리적 가능성처럼 단지 무모순성에서 성립하는 것이 아니라 무모순성의 배후에 있는 실제적인 제약의 모든 계열, 따라서 본래적인 '가능성의 조건'에서 성립한다. 그리하여 인격적 자유가 어떻게 가능한지 현실적으로 이해하기 위해서는 이 조건들을 분명히 할 필요가 있다. 그것은 칸트의 인과 이율배반 해결이 동일한 의지에서 일반적인 인과법칙과 윤리적 당위법칙이 공존할 수 있는 근본 조건을 제시했던 것과 같다. 물론 이 요구가 완전히 충족될 수 없다는 것은 처음부터 분명하다. 왜냐하면 이 요구가 충족되기 위해서는 인격의 형이상학적 본질을 그 근저에서 통찰하지 않으면 안 되기 때문이다. 따라서 우리가 인격적 자유의 가능성을 이해하는 데 존재론적 계열 전체를 모두 통찰한다는 것이 문제의 초점이 될 수는 없다. 다만 어떤 한계 내에서 우리가 통찰할 수 있는 것은 인격적 자유의 가능성을 이해하는 데 특히 장애가 되는 것을 제거하는 일이다.

윤리적 현실은 자연법칙에 의해 결정될 뿐만 아니라 동시에 당위법칙에 의해서도 결정된다. 이 두 결정이 일어나는 원천은 인격 속에 있지 않고, 인격 밖에 있다. 자연법칙도, 당위법칙도 인격에 대해서는 똑같이 타율이다. 그러므로 남은 문제는 어떻게 인격의 자유가 자연법칙에 의해 결정될 뿐만 아니라 당위법칙에 의해서도 결정되는 세계 가운데서 성립할 수 있는가 하는 점이다.

당위법칙은 실제적인 것을 불완전하게 결정하는 것이 사실이고, 존재법칙처럼 사람이 임의로 위반할 수 없는 성질의 것도 아니다. 바로 여기에 인격적 자유의 문제가 있다. 인격이 자신의 도덕적 태도를 당위법칙에 따라 결정하지 않는다면, 자연법칙에 따라 결정할 것이 틀림없다. 이것은 적어도 인과 이율배반의 해결에서 볼 때 그래야만 한다. 이러한 사실은 '적극적 의미의 자유', 즉 결정에 대한 추가를 입증하는 셈이다. 이 추가가 다름 아닌 인간에 대한 자연법칙의 지배와 병행하는 당위법칙의 지배를 말한다. 그렇다면 여기서 인간은 어떻게 당위법칙에 대해서도 자유일 수 있는가 하는 점이 문제가 된다. 인간이 당위에서 자유로워지면 자연법칙의 속박으로 되돌아가는 것은 아닐까? 이 아포리아는 인격이 자연법칙과 당위법칙 외에 다른 인격적 결정, 즉 제3의 결정을 가짐으로써 해결될 것이다.

자유의지는 이 제3의 결정형이다.

여기서 하나의 동일한 윤리적 현실 속에서 세 가지 결정 형식이 중첩되는 것을 알 수 있다. 이 세 가지 결정 형식 중에서 – 적어도 그 범주적 근본 구조에서 – 우리에게 잘 알려진 것은 자연법칙과 당위법칙 둘뿐이다. 스스로 결정 요인을 가지고 간섭하는 인격의 원리를 우리는 아직 알지 못한다. 우리는 위에서 말한 아포리아 외에 이 문제에 들어갈 수 있는 길을 알지 못한다. 그렇기 때문에 인격의 원리를 더 이상 환원할 수 없는 비합리적인 것으로 보지 않을 수 없다. 다만 문제 상황 자체에서 알 수 있는 것은 인격의 원리가 자연법칙에 대해서뿐만 아니라 당위법칙에 대해서도 보다 높은 유형의 결정 형식이라는 점이다. 왜냐하면 인격은 당위법칙에 대해서도 자유가 아니면 안 되기 때문이다.

이러한 결정 요인이 있다면, '법칙 아래의 자유' 외에 새로운 '법칙 위의 자유'가 있다는 것을 이해할 수 있게 될 것이다. 이것은 범주적 의존 법칙에서 간단하게 추론된다. 범주적 의존 법칙에 따르면 낮은 결정은 보다 강하지만, 높은 결정은 낮은 결정에 대해 자유의 여지를 남겨 둔다. 말하자면 내용적으로 낮은 결정 위에 무제약적인 자유가 주어지는 셈이다. 이로써 인격적 자유의 본질이 발견되는 것은 아니지만, 존재론적으로 인격적 자유가 가능하다는 것은 이해될 것이다.

당위의 이율배반 해결

당위의 이율배반은 제2아포리아에서 이미 분명하게 지적되었다. 의지는 어떻게 자기를 결정해야 할 원리에 대해 자유로울 수 있는가? 여기서 문제는 '도덕적' 의지의 자유다. 의지는 원리에 의해 규정되고, 당위 요구와 일치할 때에만 도덕적이다. 그런데 의지는 '도덕적' 의지로서 원리에 대해 찬성하거나 부정하는 자유를 가지고 있다.

이것은 의지가 원리에 의해 규정되지 않을 수도 있다는 점을 의미한다. 그렇다면 도덕적 의지는 본질적으로 원리에 의해 규정되는 동시에 규정되지 않는 것이 된다.

이것은 순전히 내적 아포리아다. 도덕적으로 자유인 의지의 본질 중에는 '도덕적 의지'(원리에 의해 규정되는 의지)와 '자유의지'(원리에 대해 찬성하거나 반대하는 의지)가 있다. 이 아포리아에서 이율배반적 성격이 분명하게 나타난다. 당위가 폐기되든지 아니면 자유가 폐기되어야만 한다. 당위에서는 부자유가 자유에 대립하고, 자유에서는 비당위가 당위에 대립한다. 따라서 이 자유 이율배반의 영상(image)은 당위에서 당위의 이율배반으로 나타난다. 가치가 그 본질에서 자유로운 인격의 가치이듯이, 당위는 이미 자유와 관계가 있다. 자유가 없는 당위는 자연법칙이다. 그렇지 않고 자유와 관련해서 당위가 그 결정의 경향성에서 자유를 제거한다면, 그것은 이미 당위 속에 자유를 전제한 것이다.

그러나 제1아포리아의 해결을 고려하면, 이 아포리아는 저절로 풀린다. 가치는 직접 인격을 결정하지 않는다. 인격은 가치의 요구를 충족하는 한에서만 가치에 의해 결정된다. 가치의 실현은 인격의 발의 작용이다. 따라서 도덕적 의지의 본질이 원리에 의해 규정되는 동시에 규정되지 않는다고 말하는 것은 옳지 않다. 여기서 '도덕적' 의지라는 개념에는 애매성이 있다. 그것은 도덕적 의지라는 말이 어떤 때에는 '도덕적으로 선한' 의지라고 해석되고, 어떤 때에는 선할 수도 악할 수도 있는 의지 일반으로 해석된다는 점이다. 전자에서는 의지가 원리에 의해 결정되고, 그렇기 때문에 '선한 의지'다. 후자에서는 원리에 의해 결정되지 않는다. 즉, 의지는 원리에 대해 찬성하거나 반대할 자유가 있다. 이러한 의미에서 그것은 '자유 의지'다. 물론 '선한 의지'도 자유 의지이지만, 그것은 외적 힘인 원리에 의해 결정되는 한에서가 아니라 그 자체 실제로는 무력한 원리에 스스로 자기를 지배할 힘을 부여해 주는 한에서 그렇다. 따라서 원리에 의한 결정에는 이미 인격에 의한 결정이 내포되어 있다. 그러므로 자유로운 의지만이 도덕적인 의지이고, 도덕적인 의지만이 선이나 악일 수 있다는 결론이 나온다.

당위는 의지를 결정한다는 의미에서도 이해되고, 의지 결정이 당위에서 나올 수 없다는 의미에서도 이해된다. 둘 다 옳다. 그러나 의미하는 바는 다르다. 전자는 자유의지가 당위의 원리에 따라 결정되는 경우이고, 후자는 당위의 원리에 따라 결정되는 의지가 없는 경우다. 원리 자체만 보면 당위는 후자의 의미에서 이해되어야 한다. 그러나 실제적인 결정은 자유의지가 개입함으로써 원리에서 출발한다.

'자유' 의지도 원리에 대해 찬성이나 부정 어느 쪽으로도 정해지지 않은 의지라고 이해되기도 하고, 원리에 의해 결정된 의지라고 이해되기도 한다. 이때 의지는 단순한 작용이 아니고, 의지가 내리는 결단은 단지 하나의 작용 요소에 불과하다는 것, 의지는 필연적으로 결단 전보다 결단 후에 결정 요소만큼 더 많은 것을 가지고 있다는 사실을 사람들은 잊고 있다. 이 결정 요소에서 차이가 난다. 왜냐하면 의지는 분명히 원리에 대해 찬성하거나 반대하는 결단을 내리기 때문이다. 의지는 결단 전에는 결정되어 있지 않으나 결단 후에는 원리에 의해 결정된다.

그러나 결정된 의지라 해서 '자유' 의지가 아니라고 말할 수는 없다. 물론 동일한 경우에 의지가 두 번 결정될 수는 없다. 다시 말해 의지가 이미 결정 '이전'에 설 수 없다는 것은 겉으로 볼 때 자유의지가 아니다. 그러나 의지가 자기 자신에 대해 내린 결단은 바로 의지 자신이 내린 결단이지 원리의 지령을 받은 것이 아니다. 이러한 의미에서 의지는 '자유'다. 여기서 자유는 초시간적으로 유지된다. 책임, 죄, 책무에 대한 요구가 언제까지나 우리 마음속에 남아 있음이 이를 증명한다.

하지만 문제의 핵심은 새로운 이율배반이 첨예해진다는 데 있다. 이것은 이미 당위의 이율배반과는 다른 새로운 자유의 이율배반이다. 이것은 세 단계로 문제가 전개된다. 그중에서 제1단계는 방금 전개된 아포리아에 있다. 왜냐하면 이 아포리아는 의지 자유에서 두 요소 사이의 모순, 즉 인과 연쇄에 대한 자유와 당위의 원리에 대한 자유의 모순으로 끌고 가기 때문이다. 그리하여 제2이율배반의 의의는 제1이율배반의 해결을 폐기하는 것처럼 보인다. 제1이율배반의 해결을 고수하려면 제2이율배반을 버려야만 한다. 이것은 해결될 수 없다. 의지는 도덕법칙에서 자유로워지면 자연법칙의 노예 상태로 되돌아가고, 자연법칙에서 벗어나면 도덕법칙의 노예 상태에 빠진다. 따라서 두 개의 이율배반은 따로 떼어 놓고 보면 해결되지만, 함께 두고는 해결되지 않는다. 그러나 도덕적 자유는 두 개의 이율배반이 함께 풀릴 것을 요구한다는 점에 그 의의가 있다. 동일한 의지는 자연법칙과 도덕법칙에 대해 동시에 자유가 아니면 안 된다.

의지가 원리에 대해 자유라는 것은 의지가 원리에 찬성할 수도, 반대할 수도 있다는 뜻이다. 이 찬성과 반대의 가능성은 정확하게 소극적 선택의 자유를 나타내는 개념이다. 의지 자유가 도덕적 원리에 대해 소극적 자유라면,

동시에 의지 자유는 어떻게 적극적 자유일 수 있는가? 새로운 자유의 이율배반을 전개하는 다음 단계는 이 아포리아에 기인한다. 인과의 이율배반에 따르면 '적극적 의미의 자유'만이 있을 수 있고, 당위의 이율배반에 따르면 '소극적 의미의 자유'만이 있을 수 있다. 여기서 두 이율배반은 서로 갈등한다. 즉 전자의 해결은 후자에서 전개된 의미와 상충한다. 인격적 자유를 옹호하면, 그 조건이 되는 비인격적 자유가 무너진다. 이것은 있을 수 없는 일이다. 왜냐하면 원리에 대한 자유는 자연법칙에 대한 자유와 함께 성패를 같이할 것이기 때문이다. 낮은 원리가 높은 원리에 부대되고, 높은 원리가 낮은 원리에 좌우된다는 것은 범주적 근본 법칙이다.

여기서 소극적 자유가 적극적 자유와 어떻게 관련되는지 밝혀야 한다. 왜냐하면 소극적 자유와 적극적 자유는 본래 동일한 의지의 동일한 자유이기 때문이다. 의지 자유가 두 측면에서 두 가지 모습을 나타내더라도 근본적인 것은 통일적인 것이어야만 한다. 그것도 적극적인 것이어야만 한다. 이것은 다음과 같은 것을 의미한다. 첫째로 '소극적 의미의 자유'는 언제나 자기를 규정하는 의지, 즉 적극적 의미의 자유의지가 결단을 내리는 곳에서만 성립해야 한다는 것이다. 둘째로 '소극적 의미의 자유'는 이미 '적극적 의미의 자유'를 자기규정으로 가지고 있지만, 자기규정 외의 다른 방면에 대해 갖는 의지에서만 존립할 수 있다는 것이다. 그리하여 자기규정은 언제나 자유 선택에 당면해서만 가능하고, 자유 선택은 자기규정의 능력을 가진 사람에게서만 성립한다. 여기서 적극적 자유는 소극적 자유에 의해, 소극적 자유는 적극적 자유에 의해 서로 제약되고 있음이 밝혀진다.

'소극적 의미의 자유'가 하는 역할은 스스로 현실에 개입할 수 없는 가치의 결정력을 정하는 범주적 형식에 있다. 이것은 의지의 적극적 자기규정을 제약하는 것이 아니다. 오히려 이것은 인격의 도덕적 의식에서 가치의 역할을 완전하게 표현하는 것이다. 이로써 자유의 이율배반도 해결된 셈이다. 의지, 따라서 도덕적 행위의 담지자로서 인격은 두 가지 의미, 즉 존재론적 원리와 가치론적 원리에 대해 동시에 자유다. 두 방향에서 동일한 자기규정, 즉 '적극적' 자유인데, 가치에 대해서는 다시금 소극적 자유다. 따라서 인격의 자유가 옹호되더라도 비인격적 자유가 무너지는 것은 아니다. 양자는 성패를 함께한다.

안 풀린 나머지 문제

위에 열거한 아포리아 중에서 제5아포리아를 제외하

고는 모두 해결되었다. 제5아포리아도 자유의 이율배반에 관한 연구로 중요한 것은 거의 해결되었다. 여기서 아직 풀리지 않은 것도 앞서 네 개의 아포리아를 논구한 것에서 단지 가상임이 밝혀졌다. 따라서 이 방면에서 아포리아의 특별한 논구가 더 이상 필요 없게 되었다.

그러나 어느 한 점에서 의미상으로 다른 아포리아를 능가하는 아포리아가 있다. 이 아포리아의 논구에서 도덕적 자유의 미해결된—어쩌면 해결 불가능한—문제가 분명하게 드러난다. 제5아포리아로 돌아가 보자. 제5아포리아는 도덕적 자유에서 개별성의 성격에 관한 것이다. 의지 자유는 현실적인 개인적 인격의 자유가 아니면 안 된다. 그렇지 않으면 인격이 책임을 질 수가 없고, 책임은 자연히 원리로 돌아간다. 그런데 인과의 이율배반이라는 의미에서 자유는 의지가 도덕적 원리(가치)에 의해 결정된다는 점에서 성립했다. 원리는 (인격가치라는 특수한 경우를 제외하면) 일반적으로 보편적이다. 인격은 원리와 일치할 수 없다. 그런데 의지 자유는 적어도 '또한' 인과 연쇄에 대해서도 '자유'가 아니면 안 된다. 그리하여 의지 자유가 어떻게 개인적일 수 있는가 하는 점이 아포리아다. 왜냐하면 '적극적 자유'로서 의지 자유에서 결정되는 것은 보편적인 것이기 때문이다.

이 아포리아는 자유의 이율배반을 전개하는 마지막 3단계와 연결된다. 여기서도 역시 인과의 이율배반 해결은 당위의 이율배반이라는 의미와 모순된다. 전자는 원리의 자율을, 후자는 인격의 자율을 요구하기 때문이다. 그런데 문제는 하나의 통일적인 실제적 의지를 아우르는 자유에 있다. 인과의 이율배반과 당위의 이율배반은 그 원천이 다르고, 범주적 형식도 다르다. 그 속에 있는 독립적인 결정 요인도 또한 보편적인 동시에 개인적이어야만 한다. 그러한 한에서 인과의 이율배반과 당위의 이율배반은 의지 속에서 어떻게 공존할 수 있는가? 이에 대한 대답은 지금까지 아포리아를 해결했던 것과 똑같다. 양자는 모두 상대방 없이 성립할 수 없다. 보편적인 원리의 자율은 오직 개인적 인격에 대해서만 당위의 요구로서 성립하고, 개인적 인격의 자율은 오직 개인적 인격에 대해서만 요구하는 원리의 보편적 자율과 관련해서만 성립한다. 결국 양자가 공존하는 까닭은 인격 그 자체의 개인적 자율이 두 측면, 즉 소극적 자유인 동시에 적극적 자유라는 데 있다. 소극적 자유는 원리에 대해서 자유이고, 적극적 자유는 원리와 인과 연쇄에 대해서 자유다.

이로써 개인적 자유의 인과 연쇄 및 가치의 당위 요구에 대한 관계가 밝혀졌다. 그러나 이것은 모두 외면적인 것이고, 그 핵심인 인격의 자율 자체가 모두 폭로된 관계 속에 이미 전제되어 있다는 사실을 우리는 모르고 있다. 인격의 자율이야말로 진정한 의지 자유다. 여기서 문제는 본래 인격에서 결정되는 것이 무엇이고, 인격의 '적극적 의미에서' 개인적 자유가 되게 하는 것이 무엇인지를 묻는 것이다.

인격의 자기결정은 매우 독특한 새로운 결정 방식으로 인과와 당위에 대립해 있는 순수한 범주적 신규다. 여기에 인격적 자율을 결정하는 3중의 성층이 있음이 밝혀진다. 그리하여 인격의 사태를 충분히 이해하려면, 이 제3의 —범주적으로 가장 높은— 결정 요인의 본질에 대한 통찰이 있어야만 한다. 하지만 그 통찰은 아직까지 이루어지지 않고 있다. 그 이유는 다른 결정 요인에 대한 관계가 이율배반적이기 때문이 아니라 새로운 결정 요인 자체가 무엇인지 아직 파악되지 않았기 때문이다. "그것은 도대체 무엇인가?" 하는 물음에 최후의 근거를 댈 수 없기 때문이다. "원리란 무엇인가?", "현실성이란 무엇인가?", "가치란 무엇인가?" 등의 물음에서도 똑같은 한계가 보인다. 자기규정에서도 마찬가지다. 그런 만큼 의지 자유에서도 넘어설 수 없는 한계가 있다는 것은 하등 이상할 것이 없다.

이 한계를 의식적으로 확립하는 것이 철학적으로 매우

중요한 일이다. 왜냐하면 여기서는 본래 자유 문제에 관한 형이상학적 핵심의 윤곽을 잡는 것이 문제이기 때문이다. 이 문제의 윤곽을 잡는 일이 종래에 많은 사람들이 제출한 자유론에는 없었다. 이들의 이론은 놀랍게도 추측을 통해 자유 문제의 한계를 넘어서고 있다. 피히테의 '의욕 이전의 의욕', 라이프니츠의 '절대적 자기전개', 쇼펜하우어의 '예지적 성격' 이론 등을 상기해 보면, 우리는 이러한 한계의 돌파가 얼마나 사태를 악화시켰는지 잘 알 수 있을 것이다.

해설

니콜라이 하르트만(Nicolai Hartmann, 1882~1950)은 신칸트주의를 표방하는 헤르만 코헨(Hermann Cohen)과 파울 나토르프(Paul Natorp)의 지도를 받아 독일 마르부르크대학에서 1907년에 박사 학위를 취득했고, 1909년에 철학 교수 자격 시험에 통과해 1922년에는 나토르프의 정교수직을 이어받아 마르부르크대학의 교수가 되었다. 그는 1907년 《플라톤의 존재 논리》에서 플라톤의 이데아론을 마르부르크학파의 입장에서 해석했으나, 그들의 논리주의에 점점 불만을 느끼고 인식론에서 존재론으로 입장을 바꿨다. 이러한 입장 변화에 영향을 미친 것이 에드문트 후설(Edmund Husserl)과 막스 셸러(Max Scheler)의 현상학적 분석 및 알렉시우스 마이농(Alexius Meinong)의 대상론(對象論)이다. 그리하여 1921년에는 인식도 존재를 파악하는 존재 관계라는 《인식의 형이상학》을 출판했고, 이어서 1926년에는 이념적인 존재로서 가치 문제를 다룬 《윤리학》을 출판했다. 이렇게 해서 주관적인 인식론에서 객관적인 존재론으로 사색의 전환을 이룬 다음, 하르트만은 《정신적 존재의 문제》(1933), 《존재론의 기초》(1935), 《가능성과 현실성》(1938), 《실재 세계의 구조》(1940), 《자연의 철학》(1950)을 출판해 새로운 '비판적 존재론'을 완성했다. 사후에는 《미학》(1953)이 출판되었다. 하르트만은 존재를 이념계와 실재계로 나누고, 실재계를 다시금 물질, 유기체, 마음(의식), 정신의 네 층으로 나눈다. 여기서 각층의 범주 및 층 상호 간의 법칙을 수립하려는 것이 하르트만 철학의 특징이다.

이렇게 해서 형성된 하르트만의 존재론은 그의 윤리학을 이해하는 데 결정적이다. 하지만 하르트만이 윤리학의 출발점으로 삼은 것은 프란츠 브렌타노(Franz Brentano)와 후설이 주창한 가치의 문제이고, 셸러의 '가치윤리학'을 실질적으로 계승하고 있다. 그러나 하르트만은 가치를 경험하고 평가하는 의식적 삶에 초점을 맞추는 셸러의 가치감정의 윤리학에 머무르지 않고, 실재하는 본질로서 가치를 기술하는 '가치의 현상학'으로 관심을 돌렸다. 이러한 관심의 전환을 불러온 것이 바로 그의 비판적 존재론이다. 하르트만의 존재론에 따르면 가치는 사물과의 실제적인 관계에서 생겨나는 것도, 주관에서 생겨나는 것도 아닌 '이념적 본질'이다. 이념적 본질로서 가치는 그 자체로 선천적, 절대적으로 존재한다.

'선천적'이라 함은 가치가 경험적인 것도, 사물에 의존하는 것도 아니라는 뜻이다. 예를 들어 우리는 어떤 사물을 유익하다거나 유용하다고 말한다. 이때 우리는 '유익'과 '유용'의 가치에 대해 미리 알고 있어야만 하고, 그러기 위해서는 가치가 사물보다 (논리적으로) 앞서 주어져 있어야만 한다. 이와 같이 미리 알고 있고, 앞서 주어져 있다는 의미에서 가치는 선천적이다. 가치가 어떤 사물에 선천적으로 주어져 있지 않다면, 우리는 어떤 사물이 유용하다는 것을 그 사물을 충분히 음미한 후에나 알 수 있을 것이다. 가치는 이렇게 경험의 결과로서 후천적으로 생겨나는 것이 아니다. 오히려 가치는 사물에 미리 주어져 우리로 하여금 어떤 사물을 향하도록 길잡이 역할을 한다. 그런데 이러한 선천성을 일찍이 이마누엘 칸트(Immanuel Kant)는 주관의 형식적 측면에만 부여했다. 이렇게 칸트가 선천성을 주관에만 부여한 까닭은 인식의 형식으로서 범주의 객관성을 보증하기 위해서였다. 이로써 인식의 보편타당성도 필연적으로 확보된다고 칸트는 보았기 때문이다. 하지만 가치의 선천성은 칸트처럼 인식의 타당성을 요구하는 것에 있지 않다. 가치는 모든 욕구의 전제로서 객관적으로 존재한다. 존재는 그 자체로 이미 보편적이고 필연적인 타당성을 지닌다. 아니, 지녀야만 한다. 가치는 가치를 파악하는 주관에 상대적이지만, 가치 그 자체는 객관적으로 존재한다. 이러한 가치는 욕구의 전제이고, 인간적 행위는 욕구에서 나온다. 이 점에서 가치는 '실천적'이다. 이와 같이 객관적이고 실천적인 것에서 선천성은—칸트의 주관적 선천성이 대상과 합일(포섭)을 강요하는 것과 달리—윤리적 행위를 규정하는 근거가 된다.

이렇듯 가치의 선천성이 가치 인식의 문제라면, 가치의 '절대성'은 가치의 존재 방식과 관련이 있다. 이러한 의미에서 절대성은 가치의 독립성과 자율성을 의미한다. 다시 말해 가치는 가치물에 대해 자립적인 이념적 존재다. 이 말은 재화가 주관과 상대적 관계를 갖는 데 반해, 가치는 주관에 대해 절대성을 갖는다는 의미다. 예를 들어 우리는 어떤 대상을 호의적으로 평가할 수도, 나쁘게 평가할 수도 있다. 이와 같이 대상에 대한 우리의 평가가 달라지는 것은 가치물이 주관에 대해 '상대적'임을 뜻한다. 이때 상대적이란 주관에 따라 가치 평가가 다를 수 있다는 말이지, 주관에 따라 가치조차도 변한다는 말은 아니다. 가치의 선천성에서 보았듯이, 가치 그 자체는 주관이 마음대로 할 수 없고 객관적으로 존재한다. 더욱이 가치는 이념적 본질이다. 이러한 의미에서 가치는 그 자체 절대성을 지니고, 절대성은 어디까지나 상대성에 대한 대립 관계를 나타내는 말이다. 이 점을 분명히 하기 위해 하르트만은 상대성(Relativität)과 관계성(Relationalität)을 구별한다. 상대성에 대응하는 것이 절대성이라면, 관계성에 대응하는 것은 '기체(基體, Substrat)'다. 기체와의 관계에서는 속성과 양태가 생겨난다. 예를 들어 비행기를 타고 하늘을 날 때, 나는 쾌적함을 느낀다. 이때 내가 느끼는 쾌적함은 비행기(기체)가 지닌 속성이고, 그것은 '질적 관계'다. 질적 관계는 주관과의 관계에서 생겨나는 것이 아니다. 물론 쾌적함을 느끼는 것은 비행기에 대한 주관의 상대적 관계에서 나온다. 하지만 주관에 의해 쾌적함 자체가 생겨나는 것은 아니다. 비행기는 주관에 대해 하나의 가치물이지만, 쾌적함은 비행기의 재가치(財價値, Güterwert)다. 가치물에 대한 주관의 관계는 상대적이다. 그러나 가치물에 대한 재가치는 가치 내용에 포함된 절대적(질적) 관계다.

이로써 우리는 가치의 '이념성'에 도달한다. 가치는 위에서 보듯이 주관에 의해 평가될 따름이지, 주관에 의해 만들어지거나 주관에 종속되는 것이 아니다. 아니, 가치는 주관에 대해 선천적이고 절대적으로 존재한다. 이렇게 선천적, 절대적인 가치는 감각적 존재가 아니라 감각보다 앞서 있는(즉, 플라톤의 '이데아'와도 같은) 존재다. 플라톤에게 이데아는 모든 존재자의 원형을 이루는 영원불변한 '실재'를 가리킨다. 이로부터 '이념'이라는 말도 생겨났다. 하지만 플라톤의 이데아가 현실과 유리된 고립무원의 세계인 것과 달리, '이념적'이란 하르트만에 따르면 실재적 세계에 대해 '마땅히 존재해야 함'(존재 당위, Seinsollen)을 뜻한다. 다시 말해 가치는 사물에 의해 드러나거나 행위를 통해 표현되어야만 하는데, 가치의 본질적 성질이 가치실질과 반드시 일치하는 것은 아니다. 동일한 가치물이라 할지라도 어떤 사람에게는 의미가 있지만 다른 사람에게는 의미 없는 상대적 경우가 나타나는 것도 이 때문이다. 즉 이념적 가치가 가치실질에는 관여하지 않기 때문이다. 하지만 재화란 어떤 사물에 가치가 부대된 가치물이다. 이 재화에 대한 부당한 개입이 '도둑질'이다. 이에 대해 윤리는 "도둑질하지 말라"고 명령한다. 이 도덕적 명령 속에는 이념적 가치의 존재 당위가 실생활 속으로 나아가려는 경향성이 들어 있다. 이러한 경향성이야말로 '인격'의 본성이다. 하나의 인격체로서 인간은 가치의 실현을 욕구한다. 그러나 일상생활 속에서 가치를 실현한다는 것은 가치 자체가 몽땅 실현되는 것이 아니라, 가치가—플라톤의 분유(分有)처럼—부분적으로 실질 속에 들어 있는 것을 말한다.

이와 같이 이념적 존재로서 가치는 눈에 보이는 감각적인 것도 아니고, 스스로 드러나지도 않는다. 그렇기 때문에 가치 그 자체를 직접 파악한다는 것은 어렵다. 하지만 이념적인 자체 존재의 구조가 실재의 자체 존재 구조 속에 재현되지 않는다면, 우리는 이념적 존재를 알 수 없다. 거꾸로 이념적 존재의 선천적 인식은 동시에 모든 실제적인 인식의 내적 토대가 된다. 우리는 가치의 존재를 순수논리학이나 수학에서처럼 이념적 존재로 파악한다. 다시 말해 이념적 존재는 시간과 공간을 통해 직접(감각적으로) 경험되는 것이 아니지만, 그럼에도 불구하고 시간과 공간의 형식 속에 주어진다. 이 주어진 것에서 이성적 추론 없이 직접 본질을 직관하는 방법이 '현상학(Phänomenologie)'이다. 일찍이 후설에 의해 형성된 현상학은 주관의 조작 없이 사물의 이념적 본질에 접근할 수 있게 해 준다. 근본적으로 하르트만의 비판적 존재론은 이 현상학적 방법에 의해서만 가능한데, 그 자체 이념적 존재인 가치도 오직 현상학에 의해서만 파악될 수 있는 일이다.

가치 파악에 대해 조금만 더 알아보자. 가치 그 자체는 -존재론에서 볼 때- 이념적 존재다. 이러한 이념적 존재에는 가치 외에도 위에서 말한 논리적 법칙, 수학적 공리

등이 속한다. 여기서 특징적인 것은 이념적 존재가 실제적인 모든 것들(물질, 유기체, 의식 등)을 지배한다는 점이다. 즉, 이념적인 것은 실재 세계에 대해 '법칙'이 되고, 이로써 실제적인 것은 이념적인 것에 종속된다. 하지만 가치는 약간 다르다. 그 이유는 현실세계에서 우리가 가치에 따르기도 하고, 따르지 않기도 하기 때문이다. 실제 사물이 가치 있거나 가치 없는 것으로 평가되지만, 가치 그 자체는 처음부터 인간의 평가와 무관하게 존재한다. 그렇다면 이러한 가치의 존재를 우리는 어떻게 파악할 수 있는가? 하르트만에 따르면 그것은 우리의 '내적 태도'에 의존한다. 내적 태도란 일종의 '자발적 감정'을 말한다. 이 자발적 감정에서 체험한 사실에 대한 가치반응이 나타난다. 여기서 가치직관도 가능해지는데, 가치반응과 결부된 직관에서 가치는 스스로 드러난다(herausheben). 이렇게 가치가 스스로 드러나게 하는 내적 태도야말로 위에서 말한 '현상학적 방법'이다. 오직 현상학적 방법만이 가치의 객관성을 훼손하지 않고 가치 자체에 반응하고 응답하는 유일한 방법이다.

하지만 객관적 가치는 인간의 의지와 관계한다. 즉, 가치는 인간의 의지에 주어짐으로써 실제적인 가치반응, 가치응답을 가능하게 한다. 이를 하르트만은 '가치감정'이라 불렀다. 이 가치감정은 주관에 상대적일 수밖에 없다. 도덕이 시대와 지역, 문화에 따라 다르게 나타나는 것도 이 때문인데, 도덕은 그 시대와 지역, 문화가 요구하는 '최고 가치'에 의해 결정된다. 예를 들어 자연과 싸우고 외적에 맞서는 일이 빈번했던 고대 사회에서는 '용기'가 최고 가치로 존중받았고, 여기서 용기 있는 행동은 선으로, 용기 없는 행동은 악으로 규정하는 도덕이 완성되었다. 이에 반해 민주주의를 지향하는 근대 사회에서는 '정의'가 최고 가치로 존중받는다. 이에 따라 정의에 부합하는 행동은 선으로, 정의에 부정적인 행동은 악으로 간주하는 도덕이 형성되었다. 하지만 역사적 · 문화적으로 도덕은 다를지라도 도덕을 성립시키는 '가치의 원리'는 똑같다.

이러한 가치의 원리를 하르트만은 '가치양상'의 분석에서 설명한다. 가치양상이란 가치의 존재 계기와 가치의 존재 방식이 만나 형성된 새로운 가치의 방식이다. 이를 하르트만은 다음과 같이 설명한다. 먼저 가치는 하나의 존재 방식으로서 이념적 존재이고, 실재 세계가 이에 대응한다. 다음으로 모든 존재는 가능성, 현실성, 필연성을 계기로 해서 나타난다. 이렇게 존재 방식과 존재 계기가 만나 하나의 '양상'을 이룬다. 이념 세계에서 실재 세계로 나타나는 가치를 위의 세 계기에 따라 설명하는 것이 가치양상의 분석이다. 일반적으로 윤리적 가치는 당위성을 포함하는데, 이것은 이념적 가치의 존재 당위로부터 유래한 것이다. 이념적 가치의 존재 당위는 현실화를 요구하는 경향을 가지고 있다. 그렇기 때문에 이념적 가치가 현실화되고 난 뒤에도 당위가 여전히 지속한다. 도덕적 현실에서는 당위의 요구가 매우 중요한데, 그 이유는 현실 속에서도 지속적으로 당위가 요구되지 않는다면, 이념적 가치가 현실화되면서 가치의 성격이 변할 수도 있을 것이기 때문이다. 그리하여 이념적 가치의 존재 당위는 인간의 정신에 대해서도 당위를 요구하게 되고, 실제적인 것과 대립하는 긴장 관계에 직면해 현실적인 존재 당위로 변한다. 이 현실적인 존재 당위가 인간의 의지에 대해 행동할 것을 촉구한다. 현실적인 존재 당위를 받아들인 인간의 의지는 다시금 가치를 자신의 목표로 세워 이를 행해야만 한다는 '행위 당위(Tunsollen)'의 요구에 직면하게 되고, 이로써 의지는 필연적으로 가치의 실현을 수행한다. 이와 같이 이념적 가치의 존재 당위가 실제적인 인간 의지의 행위 당위로 이행하는 과정에서 의지는 가치가—스스로 드러나기를 기다리는 것이 아니라—실현되기 위한 실제적 조건들을 앞질러 가치를 필연적으로 설정하지 않으면 안 된다. 왜냐하면 가치의 실현은 도덕적 인격의 능동적 활동에 부대되기 때문이다. 이로써 가치의 당위성은 가치의 필연성을 가치의 가능성에 접근시켜 양자를 현실적으로 매개한다. 이에 하르트만은 다음과 같이 말한다.

> "의지는 당위 속에 이념적으로 존립하는 경향성을 자신의 실제적인 경향으로 만든다. 그렇게 함으로써 존재 당위는 현실화를 향해 결정적인 한걸음을 내딛는다. 현실화의 경향성 자체는 이미 가치의 당위 속에 들어 있었다. 이는 당위 속에 아직 비현실적인 것을 이미 필연적으로 세워 놓은, 더욱이 아직 나타나지 않은 실재의 가능성을 뛰어넘어 세워 놓은 것이다. 이것이 어떻게 가능한지에 대한 고려는 현실적인 의지에 의해 비로소 시작된다. 현실화할 것인지 말 것인지는 당위의 문제가 아니라 의지의 문제다. 의지가 하는 일은 아직 실제로 가능하지 않은 것을 가능하게 하는 것이다."
> (하르트만, 《가능성과 현실성(Möglichkeit und Wirklichkeit)》, Berlin, 1966, 244쪽.)

여기서 보듯이 의지가 하는 일은 현실적인 결정에 앞서 행위를 '예정'하는 것이다. 예정이란 일종의 '목적' 설정을 말하는데, 이로써 이념적 가치의 존재 당위를 파악해 현실화하는 모든 인간의 행위 실행은 목적론적 형식을 취한다. 다시 말해 인간의 행위는 순전히 목적 결정적이고, 목적 활동적인 실행이 된다.

하지만 인간의 합목적적 활동에서는 가능성과 필연성의 균형이 깨어지고 만다. 인간의 목적 활동에서는 필연성이 가능성보다 우세하다. 왜냐하면 목적 달성을 위한 합리적 수단의 선택은 더 이상 가능한 수단이 남아 있지 않음을 의미하기 때문이다. 이로써 행위가 완성된다. 여기서 당위의 양상 구조도 드러나는데, 당위는 이념적 가치의 '존재 당위'에서 의지의 '행위 당위'로 전환된다. 이 과정에서 가능한 것은 필연적인 것으로 설정된다. 여기서 가능한 것은 실제로 필연적이 아닌 것을 의미한다. 하지만 행위는 실제로 필연적이어야만 실제로 가능할 수 있고, 그래야만 현실화도 가능하다. 이를 위해 의지가 현실적인 결정을 내리기에 앞서 행위를 미리 예정하는 것이다. 이로써 당위는 현실적인 것을 뛰어넘는, 말하자면 '자유로운' 필연성이 된다.

이 자유로운 필연성이야말로 하르트만이 '의지 자유'의 문제에서 해결해야 할 과제다. 일반적으로 자유는 필연과 모순되는 것으로 파악되었다. 여기서 종래의 결정론 대

비결정론 문제가 제기되었다. 하지만 비결정론이 인간의 정신에 '우연'의 활동 여지를 남겨 둔다는 점에서 결정론은 자유 문제의 본질을 왜곡하고 있는 셈이다. 이 점을 가장 잘 이해한 사람이 칸트다. 칸트는 이 문제를 '자유의 이율배반 해소'에서 상세하게 다룬다. 여기서 칸트는 인과율과 자유가 대립하는 것으로 보고 자유를 인과 연쇄에서 떼어 놓으려는 것이 아니라 '제1원인'을 문제 삼는다. 제1원인이란 그 자체에는 선행하는 어떤 원인도 없으면서 전진적으로 일어나는 결과를 갖는 인과 연쇄 가운데 적극적으로 진입해 가는 것을 말한다. 이것은 다른 말로 '자발성'을 의미한다. 자발성에서 의지는 자연법칙에 대한 독립을 획득한다. 즉, 칸트에게 자유는 자연법칙과 무관하면서 공존할 수 있는 요소다. 이 점이 칸트가 이율배반이 해소에서 시도한 논증의 핵심이다.

하지만 이것은 다른 의미에서 '이성에 의한 자기 지배'를 말한다. 이 말은 의지가 원리의 간섭을 받고 있음을 의미한다. 그렇다면 도덕적 주체로서 인격은 결코 원리로부터 자유로울 수 없는 게 아닌가? 이것은 진정한 의미에서 의지의 자유가 아니다. 하르트만에 따르면 자유란 근본적으로 모든 원리에서 벗어나 스스로 합리적인 수단을 선택함으로써 목적을 달성하는 것이다. 여기서 의지는 '당위와 의욕'의 이율배반이라는 새로운 문제에 봉착한다. 이 이율배반의 해소야말로 의지의 자유 문제에서 풀어야 할 핵심이라고 하르트만은 본다. 당위는 이념적 가치의 원리에서 유래한 것이고, 의욕은 현실적인 결정에 선행해 가능성과 필연성을 매개하는 의지 활동에서 유래한 것이다. 여기서 당위는 마땅히 해야 함을 나타내고, 의욕은 할 수 있음을 나타낸다. 이 전혀 다른 원천에서 유래하는 이질적인 두 요소를 결합하는 것이 문제인데, 이것은 어떻게 가능한가?

이 물음에 대답하기 위해 자유로운 필연성이 문제가 된다. 자유로운 필연성이란 당위의 현실화 속에 들어 있는 의지의 힘이다. 의지의 힘에 의해 분리된 가능성과 필연성이 새롭게 결합하는데, 이에 대한 하르트만의 설명은 다음과 같다. 즉 실재계를 넘어 가능적 당위로 향하는 자유로운 필연성은 실재 세계에는 없고, 또한 현실적 필연성과도 다르다. 현실적 필연성은 내적, 외적 상대성을 지닌 관계 양상이다. 내적 상대성이란 '어떤 것'의 필연을 말하고, 외적 상대성은 '어떤 것에 근거한' 필연성을 말한다. 전자는 존재 당위의 내용에서 충족되고, 후자는 그 충족 근거를 하나의 원리, 즉 '가치'에 두고 있다. 가치 그 자체는 이념적 존재이고, 따라서 이념적 세계에서 현실성을 의미한다. 하지만 가치는 실제적인 현실성이 아니다. 따라서 당위도 일종의 현실성에 근거한 필연성인데, 이 현실성은 실제적인 것이 아닌 이념적인 것이다. 그렇기 때문에 당위는 그 자체로서 현실적인 것에 대한 결정력을 가지지 못한다. 따라서 실제적인 의지의 개입이 요구된다. 의지의 개입은 전체적인 조건 연쇄를 산출함으로써 현실화 가능성을 연다.

존재 당위의 현실화는 분리된 가능성과 필연성을 새롭게 결합하는 것이다. 이로써 당위와 의욕의 이율배반도 근본적으로 해소된다고 하르트만은 보았다. 이러한 이율배반의 해소는 도덕에서 매우 중요한 의미를 지니는데, 그것은 실제적인 의지의 개입에 의해 이념적인 가치의 세계가 현실화되기 때문이다. 이로써 도덕이 존재해야 할 이유도 분명해진다고 하겠다.

이 책은 하르트만의 《Ethik》 4판(Berlin: Walter de Gruyter & Co., 1962)을 발췌 번역한 것이다. 원서는 본문만 해도 821쪽에 달하는 방대한 분량인데, 이 책은 원서의 약 5%를 발췌했다. 원서의 내용을 효과적으로 전달하면서 핵심을 발췌하는 일이 쉽지 않았고, 때로는 본문의 언어로 내용을 압축하는 일이 절실히 필요했다. 또한 원서는 3부(部, Teil)로 구성되어 있고, 각 부에 부제가 붙어 있는데, 1부 '윤리적 현상의 구조'에는 '도덕 현상학', 2부 '윤리적 가치의 영역'에는 '도덕 가치론', 3부 '의지 자유의 문제'에는 '도덕 형이상학'이라는 부제가 붙어 있다. 이 부제에서 보듯이 하르트만은 먼저 현상학적 방법에 입각해서 윤리적 현상을 파악했고, 다음으로 가치론에 근거해서 도덕을 정초했으며, 끝으로 의지 자유의 문제인 도덕 형이상학에서 윤리학을 완성하려고 했다. 이러한 윤리학의 완성은 막스 셸러로부터 유래하는 '가치윤리학'과 칸트의 '의무윤리학'을 화해시키는 데 있는 것처럼 보인다. 원서는 각 부가 시작할 때마다 새롭게 장(章, Abschnitt)을 달면서 본문 전체를 85개의 절(節, Kapitel)로 나누고, 다시금 각 절에는 세부 항목을 표시해 두었다. 하지만 이 책에서는 원서의 부와 장만 살리고, 절은 본문 중에 세부 항목으로 표시했으며, 원서의 세부 항목은 무시했다. 끝으로 지식을만드는지식 편집부의 세심한 배려에 감사드린다.

지은이에 대해

니콜라이 하르트만(Nicolai Hartmann)은 1882년 북유럽 발트해 연안 국가인 라트비아(Latvia)의 수도 리가(Riga)에서 태어나 1950년 독일 괴팅겐에서 죽었다.

19세기 말과 20세기 전반기에 걸친 격동기를 산 그는 15세에 러시아 상트페테르부르크로 유학한 후, 매우 다채로운 학문적 편력을 겪는다. 처음에는 의학, 고전 문헌학 등을 공부했다. 하지만 1905년 러일전쟁으로 러시아 정국이 불안해져 대학이 폐쇄되자, 독일 마르부르크로 학적을 옮겨 당시 신칸트학파의 선봉이었던 헤르만 코헨, 파울 나토르프 등에게서 철학을 본격적으로 배웠다. 그리하여 1907년에 <플라톤의 존재 논리(Platos Logik des Seins)>라는 논문으로 박사 하위를 받았고, 1909년에는 <수학의 철학적 시원에 관해(Des Proklus Diadochus philosophische Anfangsgründe der Matemathik)>라는 교수 자격 논문을 제출했다. 그 후 1차 세계대전(1914~1918)이 발발하자 하르트만은 정보장교로 참전했고, 1920년 마르부르크대학 원외교수가 된 뒤 1922년에는 그의 스승인 나토르프의 후임으로 정교수로 취임했다. 이후 1925년부터는 쾰른대학에서, 1931년부터는 베를린대학에서, 1945년부터는 괴팅겐대학에서 강의와 연구에 몰두했고, 마침내 1950년 괴팅겐에서 생을 마감했다.

그의 주요 저서는 다음과 같다.

먼저 인식을 존재 관계로 파악한 《인식의 형이상학(Grundzüge einer Metaphysik der Erkenntnis)》(1921), 가치 문제를 이념적인 존재로서 다룬 《윤리학(Ethik)》(1926)이 있다. 이렇게 해서 주관적인 인식론에서 객관적인 존재론으로 사색의 전환을 이룬 다음, 《정신적 존재의 문제(Das Problem des geistigen Seins)》(1933), 《존재론의 기초(Zur Grundlegung der Ontologie)》(1935), 《가능성과 현실성(Möglichkeit und Wirklichkeit)》(1938), 《실재 세계의 구조(Der Aufbau der realen Welt. Grundriβ der allgemeinen Kategorienlehre)》(1940), 《존재론의 새로운 길(Neue Wege der Ontologie)》(1942), 《자연의 철학(Philosophie der Nature. Abriβ der speziellen Kategorienlehre)》(1950)을 출판해 새로운 '비판적 존재론'을 완성했다. 사후에는 《미학(Ästhetik)》(1953)이 출판되었다.

그의 철학 사상을 한마디로 요약하면 '비판적 존재론'

이라 할 수 있다. 여기서 존재자 일반은 이념계와 실재계로 구분된다. 이념계에는 수학적 존재, 사물의 본질, 논리적 법칙과 가치 등이 속하고, 실재계에는 무기적 물질, 유기적 생명, 심적인 것과 정신적인 것(정신은 다시금 개인적 정신, 객관적 정신, 객체화한 정신으로 구분된다)이 성층을 이루고 있다. 이들 네 성층은 각기 일정한 법칙과 질서를 지니고 있는데, 하르트만은 이를 '범주'라고 부른다. 이 범주에 의해 근본적인 존재론적 구별이 생겨난다. 철학의 문제는 근본적으로 이념계와 실재계가 서로 관계할 때 생겨나는데, 이를 저 범주적 법칙으로 설명하려는 것이 하르트만의 비판적 존재론의 핵심이다. 그의 윤리학은 비교적 초기 작품에 속하지만, 그래도 비판적 존재론 위에서 그의 윤리사상이 가장 잘 이해된다.

옮긴이에 대해

이을상(1956년생)은 부산대학교 철학과를 졸업하고, 동아대학교 대학원에서 문학 석사 학위를 취득한 후 정훈 장교로 3년 근무했다(육군 중위 예편). 1993년 동아대학교 대학원에서 철학 박사 학위를 취득한 후, 동아대, 부경대, 동의대, 동서대 등에서 강의했고, 현재는 부산대학교 인문학연구소 전임 연구원으로 있다. 특히 막스 셸러의 저서 번역 작업에 노력해 왔고, 생명윤리학 분야와 진화윤리학 분야에도 관심을 가지고 연구하고 있다. 지은 책으로는 《가치와 인격》(박사 학위 논문, 서광사, 1996), 《인간과 현대적 삶》(공저, 철학과 현실사, 2003), 《죽음과 윤리》(백산서당, 2006), 《인격》(공저, 서울대학교 출판부, 2007) 등이 있고, 옮긴 책으로는 《현대의 철학적 인간학》(O. F. 볼노 외, 문원, 1994), 《윤리학에 있어서 형식주의와 실질적 가치윤리학》(M. 셸러, 서광사, 1998), 《공리주의》(J. S. 밀, 지식을만드는지식, 2011), 《지식의 형태와 사회》(M. 셸러, 한길사, 2007) 등이 있고, 그 밖에도 다수의 논문과 기고문들이 있다.

원서발췌 윤리학

지은이 니콜라이 하르트만
옮긴이 이을상
펴낸이 박영률

초판 1쇄 펴낸날 2014년 7월 15일
개정1판 1쇄 펴낸날 2025년 8월 29일

커뮤니케이션북스(주)
출판등록 제313-2007-000166호(2007년 8월 17일)
02880 서울시 성북구 성북로 5-11
전화 (02) 7474 001, 팩스 (02) 736 5047
commbooks@commbooks.com
www.commbooks.com

지식을만드는지식은
커뮤니케이션북스(주)의 고전 출판 브랜드입니다.

ISBN 979-11-430-1133-6 03160

책값은 뒤표지에 있습니다.